歲時鄉愁

江南风俗图录

第9卷

岁时乡情卷

❖ 四时八节的乡土印记 ❖

Illustrated Chronicles of Jiangnan Customs

- Vol. 9 -

Seasonal Greetings and Home Longings

仲富兰 著

上海辞书出版社

国家出版基金项目
NATIONAL PUBLICATION FOUNDATION

江南风俗图录·第9卷·岁时乡愁

辞书微信公众号二维码

本书为《江南风俗图录（1840—1949）》分卷之一。整套书随附别册，内容涵盖《江南风俗图录》全书总览及各分卷简介、十卷本内在关联分析与跨学科阐释、与仲富兰民俗学研究脉络的勾连、核心参考文献汇释、仲富兰民俗文化学学术著述系年，另收录总序、后记等文稿。为便于读者共享别册内容，上海辞书出版社公众号设“《江南风俗图录》别册”专题，供各界参阅。

“十四五”国家重点出版物出版规划项目

国家出版基金资助项目

上海文化发展基金会图书出版专项基金资助项目

仲富兰

当代民俗学家。上海人。毕业于复旦大学哲学系。华东师范大学教授、博士生导师，上海市民俗文化学会创始会长及名誉会长，中国民俗文化学科的开拓者和奠基人。1986年至今已出版《中国民俗文化学导论》、《中国民俗学通论》（三卷本）、《上海六千年》（三卷本）、《图说中国近百年社会变迁》（四卷本）、《民俗传播学》、《江南风俗与信仰》、《上海民俗——民俗文化视野下的上海日常生活》、《上海小史》、《节日里的中国》、《图说中国人生礼仪》等50多部著述，部分被译为英、俄、日、韩等国文字在国外出版。承担“十四五”国家重点出版物出版规划项目《江南风俗图录（1840 —1949）》（全十卷）及上海市相关文创研究课题。 2019年起主编《民俗掌故日历》（上海辞书出版社，至今共计7版）。另有大量论文和文章散见于海内外报章期刊。

Zhong Fulan

A contemporary folklorist from Shanghai. He graduated from the Department of Philosophy at Fudan University and is currently a professor and doctoral supervisor at East China Normal University. He is the founding president and honorary president of the Shanghai Society of Folk Culture Studies, and a pioneering and foundational figure in the academic field of Chinese folk culture.

He has published over 50 works since 1986, including *An Introduction to Chinese Folklore*, *General Theory of Chinese Folk Culture* (three volumes), *Six Thousand Years of Shanghai* (three volumes), *Illustrated History of Social Changes in Modern China* (four volumes), *Folklore Communication Studies*, *Jiangnan Customs and Beliefs*, *Shanghai Folkloristics: Daily Life in Shanghai through the Lens of Folk Culture*, *A Brief History of Shanghai*, *China in Its Festivals*, and *An Illustrated Guide to Chinese Rites of Passage*. Several of these have been translated into English, Russian, Japanese, Korean, and other languages for international publication.

He is leading a major national publishing project under the 14th Five-Year Plan: Illustrated Chronicles of *Jiangnan Customs (1840–1949)* (ten volumes), as well as related cultural and creative research initiatives in Shanghai. Since 2019, he has served as editor-in-chief of *The Almanac of Folk Culture and Anecdotes* (Shanghai Lexicographical Publishing House), which has been released seven editions to date. His numerous papers and articles have appeared in newspapers and joumals both in China and abroad.

光影铭沧桑

图卷展风华

目录

第六章

民国春运与节日文化

201

第七章

江南节令风情与传统风物

237

概述

近代是江南社会发生急剧变革的重要时期，众多的洋行、商行和工厂如雨后春笋般涌现，贸易往来频繁，金融市场日益活跃。西方物质文明的大量输入加速了社会经济的变革，新的商业业态、生产技术等不断推动着江南地区经济的发展。近代欧风美雨袭来，城市生活面临疾风骤雨式的变革，但江南腹地广大地区的农民仍遵守天时、循时而动地进行农事安排，按照传统的节奏过着自己半是农耕、半是副业经济的生活。

一、遵守天时、循时而动与农事安排

江南地区拥有得天独厚的自然条件，肥沃的土壤、充沛的水源以及适宜的气候，这些条件非常有利于农作物的生长。如长江中下游平原的土壤肥沃，为水稻等农作物的生长提供了优良的基础；降水丰富，河网密布，灌溉水源充足，能满足农作物生长过程中对水分的大量需求；气候温暖湿润，四季分明，有利于农作物按季节生长和收获。这种优越的自然环境使得农业生产相对稳定，农民能够依赖熟悉的自然规律进行农事活动，无须因外界的变化而频繁地改变生产方式。

自古形成的农耕传统，一代又一代人，祖祖辈辈积累了丰富的农业生产经验和应对自然界各种挑战的能力，农民对本地的气候、土壤等条件了如指掌，形成了一套适应环境的农事安排作业模式，如根据节气进行播种、施肥、收割等。这种传统的农事安排具有很强的适应性和稳定性，成为农民生活的基本组成部分，不会轻易被外来因素打破。“清明前后，种瓜点豆”等农谚所反映的就是根据节气进行农事活动的经验总结，农民依据这些经验代代相传，按部就班地进行农业生产。再加上长期形成的小农经济生产方式，具有很强的自给自足性。在这种经济模式下，农民的生产目标相对明确和固定，就是通过遵循天时进行农事安排，确保粮食和生活物资的自给自足。农户没有过多地受城市商业经济和外来经济模式的影响，依然可以按照传统的方式进行农业生产，维持自己的田园生活。例如，一个普通的江南农户，会在自家的田地里种植水稻、蔬菜，养殖家禽家畜，通过自己的劳动满足家庭的食物、衣物等基本生活需求，对外界经济变革的依赖程度较低，因而对外来文化具有一定的抵抗性。

农业生产主要以家庭为单位进行，农民对自己的土地和生产过程有着高度的掌控权和自主权。每个家庭根据自己的土地资源、劳动力情况以及传统经验进行农事安排，灵活性和独立性都比较强。这种以家庭为基础的生产方式使得农民能够根据实际情况进行农事调整，同时也保持了对传统农事安排的遵循。即使外界环境发生变化，他们也可以在自己的小范围内适当应对，而不至于完全改变原有的生产与生活节奏。

江南地区的乡村社会结构相对稳定，家族、村落等村社组织形式，在农民的生活中起着重要作用。这种稳定的社会结构为农民提供了熟悉的生活环境和社会支持网络，使他们在面对外界变革时，更倾向于维持原有的生活方式和农事安排。家族中的长辈通常具有较高的权威和丰富的经验，他们会将传统的农事知识和经验传授给下一代，确保农业生产的延续性。例如，在一些江南的古村落中，家族祠堂是村民们重要的活动场所，家族长辈在这里主持各种事务，其中也包括对农业生产的指导和传承。

江南农民深受儒家思想、道家思想等传统观念的影响，强调顺应自然、安土重迁、勤劳节俭等价值观，具有浓厚的传统文化底蕴。这些文化观念使得他们对土地有着深厚的情感和依赖，不愿意轻易改变传统的生活和生产方式。例如，儒家思想强调的“天人合一”观念，使农民认为农业生产应与自然和谐相处，按照天时进行农事安排就是顺应自然的表现；道家思想倡导的“无为而治”，也使得江南农民在面对外界变化时，更倾向于保持平静和稳定，坚守自己的田园生活。

人们依四季而劳作，顺应天时，体现了对自然规律的尊重与遵循。孔子的话启示着中国人在时间的流淌中，应秉持敬畏之心，遵循天道。时间不仅是线性的流逝，更蕴含着天地运行的哲理，它塑造了中国人的生活节奏与价值观念，懂得在岁月的变迁中，保持平和与笃定，与自然和谐相处。

《礼记·礼器第十》云：“故作大事必顺天时，为朝夕必放于日月”，人们希望生活安乐，便须遵守天时，循时而动。天时，乃自然运行之规律，它涵盖着四季交替、昼夜更迭等诸多方面。在漫长的历史长河中，一切的人事活动皆应服从天时的秩序。农业生产顺应节气，春播秋收，方有丰收之喜；起居作息依循昼夜交替之序，日出而作，日落而息，方能保持身心健康。违背天时，往往会带来诸多不利后果。过度开发自然资源而不顾时节，会破坏生态平衡；生活节奏与自然节律相悖，亦会导致身心疲惫。

中国历来是稼穑为重的农耕古国，农事收成的好坏直接影响到国计民生。农事兴，国事才旺。几千年来，江南农人谨守农时，把农历作为时间与生活指导的根底。二十四节气指出了一年中气候的转换、雨水的多寡、气温的炎凉、霜雪的长短，是我国劳动人民长期对天文、气象、物候进行观测探索和总结的结果，对农事耕作具有深远的影响。一岁分四时，春夏秋冬各三个月，每月两个节气，每个节气均有其独特的含义，它是蕴含着悠久的文化内涵和历史积淀的岁时安排，是中华民族悠久历史文化的重要组成部分。二十四节气是历法中表示自然节律变化，以及确立“十二月建”的特定节令。二十四节气准确地反映了自然节律变化，在人们日常生活中发挥了极为重要的作用。它不仅是指导农耕生产的时节体系，更是包含有丰富民俗事象的文化系统，中国进入近现代社会后，二十四节气没有出现太多的变化，一直在中国民间发挥着它独特的作用。

二、近百年民众岁时节日的新气象

根据岁时而又在社会层面形成的各种节日，是每个民族的传统文化必然具有的内容，它既是社会生活的一部分，又是社会生活的百科全书。在每个节日中，人们都要进行一些有特定主题的、约定俗成的活动。各色各样的节日，展现了社会上衣食、仪礼、信仰、娱乐等种种习俗，同时，人们的节日习俗与活动，又对社会的人际交往具有一定的影响，对整个社会生活产生一定的作用。

岁时节日，起源于远古时代人们的农耕和祭祀。经过长期的发展演变，到了近百年的近代中国社会，既有古老传统社会的节日的传承，也有民国社会所形成的各种新兴节日的产生，更有近百年在欧风美雨熏染之下对于西方节日的引进。与此同时，各种节日又总是同各地的乡情民俗紧密联系在一起。

我国的岁时礼俗丰富广泛，主要为时令礼俗和社会生活习俗。许多岁时礼俗，由于人们对其内容的不断丰富，变为传统的节日。如春节、清明、端午、中秋等已经成为全民族的节日。辛亥革命后，传统的岁时节日如春节、元宵、端午、七夕、中秋、重阳等仍旧在民众生活中占有重要的地位，岁时礼俗逐渐染上了近代文明的特点，封建性逐渐减弱，近代感逐渐增强。但有些传统习俗仍在继续，因而形成旧俗中有新的因素，新俗中又有旧的表现形式的状况。在都市生活中，其原先所特有的祭祀鬼神、禳灾祛祸等落后迷信的内容则渐趋弱化，而社交庆贺和文化娱乐的功能则得以加强。在出台阁、踩高跷、耍龙灯、舞狮子、闹社火、观花灯等传统样式仍在广大乡村集镇沿袭的同时，大城市的市民们已开始运用提灯游行、莳花会展、音乐歌舞、戏剧表演和化装舞会等新兴的方式为传统的节日增添姿彩了。

元旦与春节是近百年来汉族最为重要的节日，江南社会尤甚。近代农历的正月初一（即今天的春节），俗称新年，因此过节也叫过年。此节时值寒冬已过，大地回春，它是以辞旧迎新、庆贺祝福为主题的综合性大节，最受民众重视。节日期间，人们除旧布新，阖家团聚，祭祀神灵与先祖，饮食娱乐，并与亲友邻好共同庆贺，互相祝福。

在江南地区，一过腊八，年事活动就逐渐展开，直至正月十五元宵节过后，春节才算结束。这期间，几乎每天都有一定的礼俗主题和节事安排。民国诞生于1912年1月1日（农历辛亥年十一月十三），孙中山在南京就任临时大总统时，即依各省代表会“改正朔、用阳历”的决议，正式改用阳历，宣布民国诞生日为民国元年元旦。为了强制推行公历，要求老百姓不要过农历新年，放弃使用旧的历法，但激起了国人的强烈不满和反对。面对汹涌的反对意见，当时北洋政府也不得不尊重民意，同意将农历正月初一定为春节，“春节”的名称也从这时被正式确定并启用，而公历的1月1日，则被称为“元旦”。

其他重要的传统节日，如清明节，江南农家会在这一天进行扫墓祭祖活动，通常全家老小都会前往祖先的墓地，清理墓地周围的杂草，为坟墓添土，然后献上祭品，如酒食、鲜花等，表达对祖先的思念和敬意。端午节，江南地区有包粽子的习俗，农家会提前准备好糯米、粽叶等材料，包出各种口味的粽子，如肉粽、蛋黄粽、豆沙粽等。此外，还会在门口挂上菖蒲、艾草，喝雄黄酒，以驱邪避毒。水乡地区还会组织赛龙舟等活动，是为龙舟竞渡。中秋节则是一个团圆的节日，江南农家在节前会准备月饼，有苏式月饼等各种特色品种。到了中秋节当晚，一家人会围坐在一起，一边赏月，一边品尝月饼、瓜果等。江南农家有“冬至大如年”的说法，冬至这天一家人会聚在一起吃团圆饭，做一些传统的美食，如饮冬酿酒、食用冬至团子等。

这些传统节日及其相关习俗，不仅是江南农家生活中的重要仪式和活动，更是传承家族文化、增进家族凝聚力、维系社会关系的重要纽带，它们承载着江南农民对美好生活的向往和期盼，也反映了江南地区的社会风貌和文化特色。即使在社会急速变革的时期，这些传统依然在江南农村地区保持着强大的生命力，对人们的生活产生着深远的影响。

近百年出现的新兴节日，加之西方侨民带来了他们的西洋节日。民国建立以后，北洋政府和南京国民政府先后颁布过许多或循国际惯例、或应社会需要的新兴的纪念节日，其中部分节日如农民节、青年节、儿童节、教师节、植树节、体育节等，在实践中更多地具有庆贺和游乐的色彩，并且多采用游行检阅、歌舞戏剧、体育竞技、国术表演等新兴形式，受到民众喜好。

在近百年间民众节日活动的另一个显著进步是对世界民主运动的参与，“三八国际劳动妇女节”和“五一国际劳动节”在妇女界和劳动界的普及，就是一个标志。过节时，人们通常要举行集会、游行和演讲活动等，也运用各种文化娱乐形式进行庆祝。此外，在一些接受西方文明熏染较早、受影响较多的商业型城市里，不少欧美节日如母亲节、情人节以及一些业已世俗化的西教节日如圣诞节、复活节、感恩节等，也被比较完整地引进，包括互赠贺卡礼物、举办化装舞会、装点圣诞树、唱圣诞歌和分发彩蛋等节俗，也一如原型，只不过被商人群体移用为促进销售的商业手段，所以民国时期的商业化，对传统节日、新兴节日和其他庆祝活动的游艺形式也产生了重大影响。

三、民国江南的节日庙会消费与节日出游

庙会，是我国地方乡土民俗的一种特殊形式，也是中国特有的民

间文化和经济现象。它具有深厚而广泛的群众基础和丰富的内涵，是华夏民族传统生活的特征表现。且说上海的庙会，有“三月三到龙华（看桃花），四月八到静安（逛庙会）”的民谚俗语，说的是龙华寺庙会与静安寺庙会，然最具影响力的还是城隍庙的庙会，它与北京地坛庙会、南京夫子庙庙会，合称中国的三大庙会。

城隍信仰，是中国民俗中极为普遍的现象。城隍庙庙会，则更具有上海的特点。上海地区供奉城隍由来已久。上海最早的城隍庙约始建于宋代，早在宋淳祐七年（1247），华亭（今上海市松江区）即立城隍庙。上海在置县前，也供祀城隍于淡井庙，以此作为华亭县城隍行殿。最初称淡井庙，不在现黄浦区城隍庙的位置，当时上海仅是个镇，还没有设立一个“专管”上海的城隍。所以淡井庙的城隍是“专管”华亭县的城隍。另外，在金山卫也有一个城隍庙，原名金山神庙，奉祀汉博陆侯霍光，故又名霍光行祠，应该说这两处是上海最早的城隍庙。明朝开国后，于洪武二年（1369），诏封天下州县城隍府神为显佑伯。

1292年，上海县正式建立，县治所在地即今黄浦区的老城厢。1373年，深受朱元璋器重的上海士绅秦裕伯去世，被朱元璋敕封为上海城隍神，从此上海有了自己的城隍神。明永乐年间（1403—1424），上海知县张守约把霍光行祠改建成奉祀上海秦裕伯的庙，到1926年得到重建，殿高4.8丈，深6.33丈，钢筋水泥结构，而彩椽画栋、翠瓦朱檐，规模大增。上海历史上并没有官方明确的“新”“老”城隍庙之分，则是全民族抗日战争爆发后，租界沦为孤岛，租界内的善男信女烧香还愿殊感不便，遂有人在金陵西路连云路口建造了一座新城隍庙，1941年农历除夕初步建成；也有说是1924年农历七月十五，上海城隍庙失火，庙宇被烧毁，邑人遂在老城外法租界的吕宋路（即今连云路附近）建造了临时城隍庙，后被称为“新城隍庙”。为了区别，有了城隍庙的新老之称，即今黄浦区豫园内的城隍庙称老城隍庙。当行祠改成城隍庙后，仍保留霍光神像，于是今天的城隍庙内，前殿供奉金山城隍霍光，后殿供奉上海城隍秦裕伯，故有“一庙二城隍”之说；另有近代抗英英雄陈化成，虽未经官方正式册封，在其壮烈殉国后，清政府在县衙附近的淘沙场为他建祠供奉，也算是得到官方承认的城隍爷，陈公祠设立在今城隍庙南部昼锦路河南南路口停车场附近。1937年全民族抗日战争爆发，陈公祠化为焦土，塑像被遗弃街头，老百姓把塑像抬进城隍庙，自发供奉。陈化成是抗击英军侵略的民族英雄，很多老百姓尊他为城隍，因此上海又有“一庙三城隍”之说。

上海在通商开埠前，城隍庙是上海民众唯一的游乐场所，所以一年中盛事独多。农历初一、十五进香，已成为上海人的一项习俗，初一进香的最高潮当数农历的正月初一零点，俗称“烧头香”；二月二十一，相传是上海城隍秦裕伯诞辰，城隍庙里的道士设坛诵经，庙里搭台唱戏；三月十八，是城隍娘娘的生日，这天有道姑执绋诵经，人们将新制的凤冠霞帔，穿戴在城隍娘娘的金身上；立夏日，郊县农民随身带新麦专程进城供奉城隍，并燃烛焚香，虔诚叩拜；六月初六是天贶节，也称“晒袍会”；七月二十五，城隍庙举行祈鬼节；八月丹桂飘香时，是评弹艺人的书复会；九月初九重阳节，相传这一天为城隍庙老君殿李聃的生日，善男信女们接踵而来烧香祝寿；冬至节之夜，人们又要恭敬祭拜。当然，在所有关于城隍祭祀的活动中，当数“三巡会”最为隆重和最吸引人。三月清明节前一日，由县移牒城隍神，于清明日到厉台，赈济各义冢及幽孤，名为祭坛会，俗名也叫三巡会，因为七月十五和十月初一，也要同样举行的缘故。

因为祭城隍活动众多，故商贩、民间艺人也趁此机会纷纷前往，形成巨大的人气和市场。每逢庙会，总是人头攒动，华宝楼前、九曲桥上、老街里，处处人山人海，挤得水泄不通，九曲桥广场上，商户小贩都要使出十八般武艺，游人手中也大多拿着素鸭、羊肉串等各色小吃，顾不得雅观就大快朵颐起来；九曲桥上更是闹猛，摄影的、赏鱼的、欣赏票友表演的人摩肩接踵；上海老街上也荡漾着浓郁的欢乐之情，江湖卖艺者的杂耍引人发笑，气功表演更是扣人心弦，地摊上《古文观止》等线装旧书让淘书人流连忘返，手工编制的各种手工艺制品更是让人爱不释手。

从文化上讲，庙会是给民间艺人、工匠、拳师、厨艺师等展示才华的一场“嘉年华”；从经济上讲，庙会又是经商、服务和消费的聚集场所，它是那个时代文化活动与经济活动的完美结合。

至于近代江南各城镇与广袤的乡村，伴随着自然经济的逐渐解体，农产品也日趋商品化，农民与地方市场的关系更加紧密。一方面，江南农民为了获得货币，不得不尽可能地把剩余农产品售出，甚至把生活必需品的一部分乃至大部分投入市场；另一方面，尽可能地发展副业生产，增加收入。自然经济条件下的小农经营如汪洋大海中的舢舨一样，虽弱不禁风却又普遍存在，而农民出售农副产品自然只能依赖产地市场，节日的庙会庙市就是一个主渠道，近代乡村庙会与世界资本主义市场相关联，具有经济意识而又缺乏经商才能的农民在庙市上的交易行为，是其面对变幻莫测的市场所能作出的唯一选择。

值得注意的是，在近代江南，市镇发展程度较高，小市镇的覆盖面较大，集市贸易更为普遍，庙会的经济功能就被具有同样功能的商贸场合所取代，因而呈逐渐减弱的趋势。近百年来中国的公众性活动，由于传统习俗的惯性作用，继续保留着一些旧的形式和内容，同时也因社会经济文化的发展进步和西方礼俗的浸染与影响，又出现了许多新的形式和内容。

江南传统岁时中的求雨、驱疫、迎神、禳灾、盂兰盆会等传统性公众活动，在我国传承已久，并且早已成为各地的共同习俗，活动方式也大同小异。近代以来，随着科学和卫生观念的增强，人们已经比较多地懂得了运用科学技术手段与自然灾害和流行疾病作抗争的道理，但诸如用各种东西扎成龙形以膜拜祈雨、抬出文昌帝君或其他神灵以求驱鬼逐疫的习俗，依旧不同程度地存在，这一现象无疑同兵燹不断、灾害连接的天灾人祸和广大民众处于民不聊生的艰难状况有关，也与当时的政府极少顾及民众抗灾活动的组织和赈济的社会现实密切相关。

中国人一向虔诚于敬神活动，近代以来此种风气未尝稍减。平时大小寺庙宫观香火不断，逢诸神诞辰或出巡之日，更是热闹非凡，每每举办仪仗齐全、兴师动众的会赛以壮观瞻，这种具有强烈传统色彩的地方性公众活动，基本上持续到20世纪40年代前后才逐渐衰微。

庙会，又称“庙市”，同样是与敬神观念相联系的又一类颇见规模的地方性公众活动。庙会大都以地方上某寺庙宫观的香讯之期为中心，届时四方辐辏，既做神佛之事，也做商贩贸易，随着商品经济的发展，近百年来各地庙会的宗教色彩逐渐淡化，而商业气息日趋浓厚。江南市镇是地方社会的代表性区域，民间艺术、庙会戏文、婚姻俗例、节日民俗、丝竹礼俗等构成了江南地方社会五彩斑斓的历史画卷。其中，体现民间信仰的迎神赛会尤能代表新文化所反对的“迷信化”的旧文化。迎神赛会是全国各地普遍存在的民间信仰祭祀活动。江南地区因其商业发展，出现了总管、李王、周神、猛将等民间神祇，也因其高度繁荣的地方经济出现了兴盛奢华的迎神赛会，尤以苏州地区最为著名。

上述通行江南的赛会与庙市之外，各地的民众还根据地方上不同的风俗习惯，自发聚集起来，定期举办一些具有当地特色的公众性活动，如生菜会、童子会、土地会、水龙会、网船会等，不胜枚举。

民国时期，节日消费、出游与全社会的消费高峰存在一定的关联，重要节日的消费热潮，一些重要的传统节日，如春节、中秋节等，是家庭团聚、走亲访友的时刻，人们往往会在这些节日期间进行集中消费。例如，春节前会大量采购年货，包括食品、衣物、礼品等，商家也会抓住这个时机推出各种促销活动。中秋节时，月饼等节日特色食品的销量大增，同时也带动了其他相关商品的消费。此外，随着时代的发展，一些新兴节日也逐渐兴起，如情人节、圣诞节等。在大城市，尤其是受西方文化影响较大的地区，年轻人对这些新兴节日的接受度较高，会在节日期间进行消费，如购买鲜花、巧克力、礼品等，这也在一定程度上刺激了消费市场。

在节假日，一些著名的旅游景点会迎来大量游客。例如，民国时期江苏、浙江的风景名胜地，在节假日会吸引众多游客前往，带动了当地的旅游消费，包括住宿、餐饮、交通等方面。城市周边的郊区、乡村等也成为人们节日出游的选择。一些人会选择在节假日到郊外踏青、野餐，享受自然风光，这也促进了周边地区的餐饮、乡村旅游等的发展，带来了相关的消费。

民国时期，随着经济的发展和城市化进程的推进，人们的生活水平逐渐提高，消费观念也有所变化。一些人开始追求更高品质的生活，愿意在节日等特殊时期进行消费，以满足自己的物质和精神需求。商家为了促进销售，会在节日期间大力进行促销活动，通过打折、赠品、抽奖、大甩卖等方式吸引消费者。同时，社会上也营造出浓厚的消费氛围，人们在这种氛围的影响下，更容易产生消费欲望，从而推动全社会消费高峰的形成。

然而，需要指出的是，民国时期社会经济发展不平衡，广大农村地区和贫困阶层的消费能力相对较低，消费高峰主要集中在城市和部分富裕阶层。此外，当时的政治混乱、社会动荡等因素也对消费市场产生了一定的影响。

四、江南节令风情与传统风物

在民国时期的江南，节令风情与传统风物丰富多样，展现出独特的地域文化特色。这些特色表现在江南地区社会生活的方方面面，至今绵延不绝，成为江南地区重要的人文景观。

江南节令风情中洋溢着浓郁的传统文化韵味。遵循古制，像春节过年的年味，依然保留着清代之前贴春联、挂福字、拜年、吃年糕等传统习俗，寓意着新年新气象与对美好生活的期盼。大年初一清晨，无论是在上海还是在苏州，人们都会开门放鞭炮，称作“开门炮仗”，然后穿上新衣相互拜年祝福，晚辈给长辈磕头行礼，长辈则给晚辈发压岁钱。元宵节通常会张灯结彩，举办灯会。各种造型精美、色彩斑斓的花灯挂满街头巷尾，如兔子灯、荷花灯、龙灯等，吸引人们观赏游玩。此外，还会吃元宵或汤圆，元宵、汤圆以甜馅为主，如豆沙、芝麻、花生等，象征着团圆美满。

江南各地都会举行祭祀祖先的仪式，清明、中元、冬至、除夕等节日，祭祖都是重要内容。如清明时节，江南人家纷纷前往祖坟祭扫，带上酒肴、锭帛、纸钱等祭品，表达对先人的缅怀与追思。清明前几日，家族成员就会聚集，一起准备祭祀用品，到了清明节当天，前往祖坟庄重地进行祭祀仪式。此外还表现在丰富的民俗活动，如赛龙舟：端午节时，江南水乡地区多会举办赛龙舟活动。龙舟装饰精美，比赛时队员们齐心协力划桨，岸边观众呐喊助威，场面热烈。在上海苏州河、杭州西湖、嘉兴南湖等水域，每年端午节都会有精彩的龙舟竞渡赛事。元宵节张灯结彩办灯会，各种造型别致的花灯挂满街头，如兔子灯、荷花灯等，人们扶老携幼赏灯游玩。

江南地区物产丰富，各种民间小吃就地取材，丰盈充沛，形成了江南地区独特的饮食文化。庙会也是江南节令的特色，像南京的夫子庙庙会，在春节、元宵节等节日期间热闹非凡，有各种特色小吃、民间技艺表演以及商品交易等。例如节日特定食品，春节吃年糕、团子，寓意“年年高”“团圆”，年糕用黏性大的米或米粉制成，有方头糕、薄荷糕、糖年糕、条头糕等多种，寓意年年高。团子是将糯米和上饴糖搓成圆形煮熟而成，如《金陵岁时记》中提到的欢喜团子。春节前，人们还会在门上贴春联、挂福字，祈求新的一年幸福安康；元宵节吃元宵或汤圆，象征家庭团圆美满；立春时有“咬春”习俗，会吃春卷，将豆芽、韭菜、肉丝等馅料用薄饼皮包裹后油炸或煎制而成，口感酥脆，味道鲜美；还会吃萝卜，有“咬得草根断，则百事可做”的说法，寓意咬去过去的烦恼，迎接新的开始。人们在中秋节会赏月、吃月饼。月饼种类丰富，有广式、苏式、京式等不同口味和风格，馅料有豆沙、蛋黄、五仁等。江南地区一些地方还会有中秋祭月的习俗，在庭院中摆放供桌，放上月饼、水果等祭品，祈求月神保佑家庭平安、幸福。重阳节民间有登高远眺的习俗，人们会登上高处，欣赏秋天的景色。同时，也会吃重阳糕，重阳糕一般用米粉、豆粉等制作，点缀着红枣、核桃等，寓意步步高升。在上海，重阳节期间，老字号糕点店的重阳糕供不应求，人们会购买重阳糕送给长辈，表达敬老之情。

江南水乡不同节令还有相应的时令美食。清明时节吃青团，用艾草汁拌进糯米粉里，再包裹进豆沙馅等制成，带有清新的艾草香气；夏至吃夏至粥，通常以糯米掺小麦、赤豆、蚕豆、玉米、红枣、糖等煮成；立秋时“啃秋”吃西瓜，寓意迎接秋高气爽的天气等。江南各地的节令风情既有共性，又有差异，体现出鲜明的地域特色。例如苏州的端午节，除了赛龙舟、吃粽子外，还有挂菖蒲、艾草，喝雄黄酒等习俗，以驱邪避毒。而在绍兴，端午节除了常见的习俗外，人们还会在河中投放粽子，纪念投江自尽的诗人屈原，苏州还有纪念伍子胥的意味，并且会举办盛大的水上竞技活动，如划船比赛等。

民国时期，江南地区受外来文化影响，节令风情也出现了一些融合外来元素的现象。例如在一些大城市的租界地区，圣诞节、情人节等西方节日也开始流行，一些商家会在这些节日进行促销活动，年轻人也会参与庆祝。但这些外来节日对传统节令风情的主体并未产生根本性影响，而是作为一种补充，丰富了江南地区的节日文化。

江南风物中的工艺品和生活用品种类丰富，特色鲜明，凝聚着江南劳动人民的智慧，如中国四大名绣之一的苏绣，以针法精细、色彩雅致、图案秀丽著称。绣品题材广泛，有花鸟、人物、山水等，常用于制作服饰、屏风、挂毯等。再如产于苏州的桃花坞木版年画，明代中叶走向成熟，明末清初达鼎盛，作坊众多，代表作品有《姑苏万年桥》《姑苏阊门图》等。其刻绘精美、色彩绚丽，还远销海外，对日本的浮世绘有影响。清朝康熙至乾隆年间进入全盛期，呈现中西融合特点，如《山塘普济桥》《全本西厢记》带有西方铜版画意味。晚清因社会动荡及外来冲击，发展受影响，但通过转变销售对象等方式得以延续，题材也更丰富。

宜兴的紫砂泥质地细腻，可塑性强，制成的茶壶等器具透气性好，能保持茶叶的原味，且造型多样，或古朴典雅，或精致玲珑，集实用与艺术于一体，体现了江南人的审美情趣和生活智慧。嘉定竹刻历史悠久，以刀代笔，在竹制品上雕刻出各种精美的图案和文字。雕刻技法丰富，有阴刻、阳刻、透雕、圆雕等，能将山水、人物、花鸟等题材表现得栩栩如生，具有浓郁的文化气息和艺术价值，是江南文化的瑰宝。

江南地区农家还曾流行过蓝印布。它以蓝草为染料，通过刻板、刮浆、染色等工艺制作而成。图案多为简洁的几何图形和花卉、动物等，色彩清新质朴，常用于制作衣物、被面、包袱皮等。它以用黄豆粉和石灰粉等调制成防染浆，通过漏印的方式在布上印出图案，再经染色、晾晒等工序制成。图案多为简洁的几何图形和花卉、动物等，色彩清新淡雅，蓝白相间，具有朴素之美，如今已成为文化遗产而深得人们喜爱。

说到生活用具类，江南手工艺生活制品中，竹编器具业发达。江南地区竹子资源丰富，人们用竹子编制各种生活用具，如竹篮、竹筐、竹席、竹椅等。竹编器具工艺精细，结实耐用，具有浓郁的地方特色。水乡民众将常见草本织物转化为实用器物，形成了丰富多样的草编文化。其中席草、黄草等成为支撑江南草席产业的核心材料。而在上海青浦练塘，茭白叶编结是当地特色。这是从草编、柳编等技艺演变而来，将原本废弃的茭白叶利用起来，通过简单工具编结成各种生活用品和工艺品，如草席、草鞋、小动物工艺品、扇子、杯垫等，既环保又实用，体现了江南人民的勤劳和智慧，以及对生活的热爱和创造力，是上海民间智慧的结晶。

江南古镇所生产的锡器历史悠久，工艺精美。锡器制作精美，有食具、茶具、酒具、闺房用品、文房用品等，造型多样，有的是动物造型且经过创意处理，不仅精致细腻、栩栩如生，还有很强的实用性，且色彩并非单一的银白色，往往有各种鲜艳色彩点缀。其制作工艺复杂，选材、熔炼、锻造、雕刻等多道工序都需要精湛的技艺和丰富的经验，反映出江南工匠的高超手艺。

衣饰的盘扣是最具代表性的传统纯手工制作纽扣之一。样式精美、形式多样，用细腻、婉约的手工扦边和盘花扣，表现出江南女子的自我涵养，精巧中蕴含细致，端丽中见美感，可用于传统服饰，也可制作成发饰、项链、胸针、耳环等装饰品，随着传统衣饰的再次风靡焕发出新活力，体现了江南的服饰文化和审美特色。

江南雕刻文化是中国传统文化的重要组成部分，它不仅具有很高的艺术价值，也是江南地区历史文化的重要载体，江南雕刻文化历史悠久，其中木雕、竹雕、玉雕和石雕各具特色：江南木雕的风格细腻、精致，注重细节的刻画，使作品具有很高的艺术价值；江南玉雕的风格婉约、细腻，注重表现玉石的自然美和人文内涵；江南石雕的风格古朴、大气，注重表现石材的历史文化内涵。江南多雨，油纸伞是常用的雨具。其制作工艺复杂，伞骨选材讲究，伞面绘制精美图案，如花鸟、山水等，既实用又具有装饰性。以橄榄核、核桃核等为原料的核雕等微雕技艺也是可圈可点，运用雕刻技艺创作各种人物、动物、风景等形象。核雕作品小巧玲珑，工艺精湛，可作为挂件或摆件。

第一章

江南自然节律与岁时安排

从清末到民国，地理、自然节律与岁时安排具有重要的价值。一方面，它体现了人与自然的和谐共生关系。农人根据自然节律进行农业生产，充分利用自然资源，同时也注重保护环境，实现了可持续发展。另一方面，各种节日庆典、社交活动和娱乐活动都与农事节律紧密相连，既丰富了农民的精神生活，也传承了江南地区的传统文化。

以平原和丘陵为主的地势，大部分地区海拔较低，平原地形广阔，丘陵海拔一般在200—500米之间，地势起伏相对较小，河网纵横，湖泊众多，密集的水系对地势产生了一定的塑造作用。众多的河流在流淌过程中不断冲刷和沉积，使得平原地区的土壤更加肥沃。为大规模的农田开垦提供了便利条件，使得这里的土地始终保持着适宜农作物生长的湿度。充足的水源确保了农作物在生长过程中能够得到充分的灌溉，为水稻等喜水作物的生长提供了保障。同时，湿润的气候有利于土壤中微生物的活动，促进了土壤肥力的提高，使得农作物能够茁壮成长。

水稻作为江南地区的主要粮食作物，在农业生产中占据着重要地位。春季，通常在农历三月至四月间，气温逐渐回升，雨水增多，为水稻的生长提供了良好的条件。经过数月的生长，夏季水稻逐渐成熟，大约在农历六月至七月间，农民们开始收割水稻。收割后的水稻需要进行晾晒、脱粒等后续工作。棉花通常在春季播种，秋季收割。棉花的种植需要充足的阳光和温暖的气候。油菜则在冬季播种，春季收割。油菜不仅可以提供食用油，还可以作为绿肥，改善土壤肥力。

不同季节的气候特点对农事活动有着密切的关系。春季，气温回升，万物复苏，农民忙着翻耕土地、施肥、插秧，为新一年的农业生产打下基础。夏季，气温较高，雨水充沛，农作物生长迅速。此时，农民们需要加强田间管理，及时除草、施肥、灌溉，确保农作物的正常生长。秋季，天气凉爽，是收获的季节。农民开始收割水稻、棉花等农作物，享受丰收的喜悦。冬季，气温较低，农作物生长缓慢，农民们进行农田的休整，为来年的生产做好准备。

▲ 1908 年上海郊县农民改革浇地方法，用轭上的桶浇灌田地

新春酒罢商耕计

——逐月农事

千百年来，江南地区一直四季分明。清代苏州文人顾禄能诗善画，才华出众，除了《清嘉录》，还著有《桐桥倚棹录》《雕虫集》《晚香吟》《羽族棋谱》等。《清嘉录》是一部专写吴地民情风俗的岁时记，按月份顺序分条记述风土人情，大量征引古今地志、诗文、经史资料，娓娓详备，堪称中国节日岁时节令的百科全书，对研究吴地的民俗文化具有极其重要的价值。另一位清代苏州文士袁景澜以十二月份为时序，撰《吴郡岁华纪丽》，详细记载了苏州日常生活中的风俗人情。这两部珍贵著述都记述了江南吴地的四时景物和人文风俗。

品读前贤的著述，最令人产生感触的是对于江南春天的描述，一年之计在于春，告别了寒冬，人们就可以感受江南大地醇厚、迷离的春意。倘若与古诗词应对，还真是别有一番意趣，“满园深浅色，照在绿波中”，这是与花草的惺惺相惜，爱意浓浓；“桃花春水绿，水上鸳鸯浴”，这是水边鸟儿的逍遥、自在，陶醉在迷人的春色里，嬉戏、鸣叫；“阳春布德泽，万物生光辉”，这是春的馈赠，孕育出江南沃土春季的欢愉。春天开始游春踏青的人们络绎不绝，感受着“吹面不寒杨柳风”的广阔与自在，聆听着“桃花依旧笑春风”的喜悦，体悟着“春到人间草木知”的磅礴气势。

有一首民国时期文人所作的竹枝词：“正月家家贺岁忙，亦思田事早筹量。新春酒罢商耕计，只待东风送暖光。”这首竹枝词体现了正月里人们在欢度新年的同时，也开始思考和筹划新一年的农事，为接下来的农耕做准备。春风吹拂，江南开始呈现出一片生机，人们忙着准备种子，期望秋天有好的收成。二月的天气，人们积极挑选种子，田间处处充满着准备农耕的忙碌和对未来的希望。清明时节，人们开始浸种的农事活动，并且需要日夜精心看管种子，等待发芽后播种。三月江南春雨绵绵，农民在田里搭建秧棚，为培育秧苗做准备，期待田野一片葱绿的景象。

▲ 20 世纪 20 年代，农田里挑担浇水施肥的男孩

四月是乡村农事繁忙的时节，人们插秧播种，辛勤劳作，看着田里新长出的翠绿秧苗，期盼着丰收的场景。“朝耕暮耘不辞苦，只为秋来笑满眸”。表现了四月南风轻拂，农民们辛勤播种，从早到晚在田间劳作，不辞辛苦，只为秋天能有好的收成，脸上能露出笑容。五月田间的稻子渐渐生长，农民们忙着施肥、除草，即使在炎热的骄阳下汗如雨下，也希望能换来秋天的稻谷

▲ 20 世纪 30 年代，江南农村一名老婆婆挑着肥料到田里去施肥

▲ 1925 年川沙东镇一个农夫站在水车旁劳作的情形

飘香。五月江南梅子成熟的时节，农民们既要收割麦子，又要插秧，是一年中最忙碌的月份，几乎没有闲暇休息的时间。

六月天气炎热，稻田需要水大量灌溉，农民担心禾苗干旱，日夜操劳，盼望能够带来凉爽的雨水，六月江南夏日漫长，瓜棚和豆架上一片绿色，农民早晚精心料理；七月水稻进入灌浆期和成熟期，需要密切关注天气变化，防止暴雨、洪涝等自然灾害对水稻造成影响。夏播作物开始生长，要进行除草、施肥等管理工作。在一些山区，农民开始采摘野生的中药材，如金银花、夏枯草等。八月果园里的水果陆续成熟，如梨子、桃子等，果农忙着采摘和销售。

九月水稻进入生长的关键时期，田间管理需要保证养分的供应，防治病虫害。一些秋季蔬菜开始播种，如萝卜、白菜、青菜等，为冬季的蔬菜生长做准备。十月水稻逐渐成熟，农民开始进行收割和晾晒工作，确保稻谷能够及时入库。同时，秋季蔬菜的生长进入旺盛期，需要加强管理。在一些农村，开始进行冬季作物的种植，如油菜等。十一月水稻收割完成后，农田进行翻耕和休耕，为来年的生产养精蓄锐。农民会种植一些绿肥作物，如紫云英等，增加土壤的肥力。油菜开始播种，为来年的春季提供油料作物。十二月主要是进行农田的基本维护工作，如清理农田里的杂草、垃圾等。农民也开始准备过年，对农具和仓库进行整理和打扫，为来年的农事活动做准备，真是逐月农事都是在“靠天吃饭”。

▲ 20 世纪 30 年代上海周边郊区农田里挑担施肥的男子

▲ 稻田里的农民。从瘦骨嶙峋的老农可见清末江南农民的劳苦状况

岁岁轮作风雨顺

——稻麦轮作

江南的农作制度较为复杂多样，受自然环境、作物种类、经济需求等多种因素影响，有不同的类型及特点，例如一年两熟制，可以稻麦轮作，夏季种植水稻，水稻收获后，秋冬季节种植小麦。这种轮作方式充分利用了江南的水土条件，提高了土地的复种和产出。清末与民国时期，在太湖平原，农民普遍采用这样的生产方式。苏州及下辖的吴江、常熟等地历来是江南重要的农业产区，农民通常在秋季水稻收获后，立即开始整地播种小麦。一个普通的农户，家有十多亩水田。每年秋天，一家人都会忙碌地收割水稻，将稻谷晾晒、储存。水稻收割完毕后，农户会用耕牛或者人力拉犁将水田翻耕一遍，把残留的稻茬埋入土中，使土壤变得更加疏松。然后，会均匀地撒播小麦种子，期待着明年的小麦能有好收成。

▲ 19 世纪 70 年代，上海郊区农民耕地情形

稻麦轮作的好处在于，一方面水稻生长期间，水田可以保持土壤的湿润度，有利于水稻的生长。而小麦则比较耐旱，在水稻收获后的旱地上生长良好。通过轮作，土壤的肥力得以保持和提升，这样做也可以改善土壤结构，增加土壤中的有机质含量。另一方面不同的作物对病虫害的抗性不同，轮作可以减少病虫害的发生。

无锡农村也普遍实行稻麦轮作。老农每年都会按照稻麦轮作的方式进行耕种。秋季将成熟的水稻割下，扎成捆运回家中。接着用耙子将稻田里的杂草和残留的稻茬清理干净，再用石磙将土

▲ 1937 年 8 月，上海附近农民居住的茅草屋

▲ 1939 年，江南儿童骑在水牛背上

地压实，为播种小麦做准备，会选择适合当地气候和土壤条件的小麦品种，精心播种。到了第二年春天，小麦逐渐成熟。农户会在合适的时机收割小麦，然后再次翻耕土地，蓄水准备种植水稻。在这个过程中，农户还会根据土壤的肥力情况，适当施用一些农家肥，如猪粪、牛粪等，以保证水稻和小麦的生长需求。

这种稻麦轮作的方式，可以说是整个吴方言区普遍的生产模式。

有经验的老农都会按照传统的方式进行稻麦轮作。水稻种植期间，精心管理水田，确保水稻有充足的水分和养分。到了秋季，水稻收获后，他们又会迅速将土地整理好，播种小麦。仔细观察小麦的生长情况，及时除草、施肥。到了第二年夏天，小麦收获后，又会投入到水稻的种植中。通过这种轮作方式，能够确保每年都能获得稳定的收成，不仅满足了自家的粮食需求，还能将多余的粮食出售，增加家庭收入。

▲ 20 世纪 40 年代，南京郊区田间摘棉花的妇女

在沿海的川沙、宝山、嘉定地区，也有“棉麦轮作”“桑稻轮作”，即在一些适宜种植棉花的地区，如沿海沿江的部分区域，实行棉花与小麦的轮作。春季播种棉花，秋季棉花收获后，种植冬小麦。这样既保证了棉花的生产，又利用了冬季土地空闲期种植小麦，增加了作物的多样性和收益。不过，棉花种植对土壤肥力消耗较大，轮作小麦虽然可以在一定程度上缓解土壤肥力下降问题，但也需要合理施肥和土壤管理来维持土地的可持续利用。还有的农产区实行两年棉一年稻或三年棉一年稻的轮作方式。如嘉定是两年种棉，一年种稻；太仓棉区多实行两年棉一年稻的轮作制度，宝山县（今上海市宝山区）也有类似情况。这种轮作制度可以在一定程度上平衡棉花和水稻的种植需求，利用棉稻轮作的生态效应，如减少病虫危害、改善土壤理化性质等，但熟制周期相对较长，需要合理安排作物茬口和土地休耕，以恢复地力。

太湖以南农产区的“桑稻轮作”，一些农户会在稻田周围种植桑树，或者在不同年份交替种植桑树和水稻，实现了多种经营。桑树与水稻的轮替并非直接交替，而是基于生态系统的协同。总体而言，清末至民国江南的农作制度呈现出多样化和因地制宜的特点，农民根据当地的自然条件、市场需求和自身经验，选择合适的种植制度和作物组合，以实现土地资源的合理利用和农业生产的效益最大化。这些农作制度也反映了当时江南地区农业经济的复杂性和农民的生产智慧。《江南农事竹枝词》云：“江南秋日稻收忙，麦种新田趁夜凉。岁岁轮作风雨顺，家家仓廪有余粮。”说的是秋天忙碌地收割水稻后，趁着夜晚凉爽的天气播种小麦，反映了稻麦轮作对江南农业生产和农民生活的重要性。

才了蚕桑又插田

——抢雨豁档

近来气象台用了一个“暴力梅”的词儿，形容江南黄梅天期间绵延不绝的黄梅雨。梅雨期间，强对流天气频仍，可见很不一般，阴雨连绵，湿漉漉，阴丝丝，上海话云“湿哒哒”“潮叽叽”，又热又潮湿，很“乌苏”的，怎么都是不舒服。当然，不舒服也要过，上了年

▲ 1909 年江南农村里的农民趁着雨停的间隙在地头劳动

纪的人，一辈子见过多少风雨，也无所谓了。

苏南地区一直流行一个词——“雨豁档”，不明就里的人千万别把“雨豁档”理解成汽车上的雨刮器什么的，它的意思是趁着停雨的间隙，赶紧外出去办点什么，对于老人就是外出走走，活动活动身子骨。当然防滑是必须的，最好备把伞，谚云：“晴带雨伞，饱带干粮”。

上海方言俚语中说“豁”字的词条倒是不少，但未见对“雨豁档”的解释；去看苏州大学方言专家柯继承先生在《苏州日报》上的方言专栏，也没有查到。可见江南地区的方言也会存在一些差异，“雨豁档”并不是一个被广泛记录或熟知的方言词汇，作家叶至善提到他父亲叶圣陶的文章——《父亲长长的一生》，回忆小时候他父亲的老友“长胡子公公”“趁一个雨豁档，公公带我去大卫弄的金鱼池，买了十来尾四寸来长的草鱼……”他用了一个“雨豁档”，在另一篇苏州农业报道里，记者说，江南的农人年复一年，麦子熟时正值江南雨季，农人很注意天气预报，一有天放晴的合适机会就去田里抢收或抢种，就叫“抢雨豁档”，“雨豁档”肯定是吴语地区的一个方言词。

▲ 20 世纪 20 年代，上海郊区农民收割水稻情形

▲ 20 世纪 30 年代，江南沿海地区农民春天割芦苇，充作燃料，或沤肥养土

只是这个词为什么将“不失时机”与“豁”字连在一起，也是颇费思量的，“豁”这个字在古汉语中有好几个读音，既可做名词，也可做动词；这个字是左右结构，一个害和一个谷构成，《说文解字》也有将谷在左，害在右的，细细琢磨，很有意思。在上海方言里带有“豁”字的方

▲ 1941 年一个牵着水牛在田间劳作的苏南农民

言俚语如“豁翎子”，有暗示的意思，有些话在双方不便当场明说的情况下，就需要“豁翎子”，接下来就是考验双方默契的时候了。如果对方没接住翎子，“豁翎子”也没用。

上海话里还有“豁胖”，说的是打肿脸充胖子、装腔作势、牛皮哄哄的样子；“豁边”，这个词与另一个词“穿帮”异曲同工，与现在通行的词来对应，就是“露馅了，暴露了”；“豁边”的另一层意思是指意料外的事，比如听天气预报说明天阴转晴，再看看现在窗外天气干爽凉快，也就早早睡下。不料第二天大风大雨，哪来个晴？很显然，天气预报“豁边”了，这里不能说是“穿帮”了。

与“豁”搭界的词，上海方言里还有“豁上”一词，我喜欢这个词，但是讨厌“掼浪头”。这个豁，有点意思了，也许更接近“豁”字本义：紧要关头，不顾一切，放手一搏，做最后的努力。字义上的意思，撕破谷，使谷开裂，那么一旦开裂，就会开朗，汉语有个成语叫：豁然开朗。有时处于窘境，真的“豁上”了，意境就不一样了，所谓“山重水复疑无路，柳暗花明又一村”是也。

江南农人趁着梅雨季节间隙抢收，这种“抢雨豁档”，其实也是很有智慧和力量的，那就是不误农时。宋代诗人翁卷《乡村四月》云：“绿遍山原白满川，子规声里雨如烟。乡村四月闲人少，才了蚕桑又插田。”诗中描绘了江南乡村四月农忙的景象，在这个时节，人们刚刚忙完蚕桑的事又要赶紧去插秧，体现了人们对时间的珍惜和充分利用。这与“抢雨豁档” 所表达的抓住时机进行农事活动的内涵相契合，都是强调在适宜的时机积极劳作，不耽误农时。趁着这雨天的间隙，赶紧出去走走，倘若多经历一些“雨豁档”，可以增进人生的定力——无惧，就像宋代大文豪苏轼说的：“莫听穿林打叶声，何妨吟啸且徐行。竹杖芒鞋轻胜马，谁怕？一蓑烟雨任平生。”

不失时机、不误农时的习俗是江南农耕文化的重要组成部分。对不同的农作物在特定的时间进行播种、施肥、灌溉和收获，能够充分利用适宜的气候条件和土壤状况。它承载着农民的智慧和经验，历经世代传承，成为了一种宝贵的文化遗产。这种习俗不仅包括具体的农事操作方法，还蕴含着对自然的敬畏、对劳动的尊重和对生活的热爱等价值观念。

▲ 20 世纪 40 年代，一农民在使用爬犁耕地，爬犁尺寸相对较小，便于在田间灵活转弯

▲ 晚清上海郊区农民在庄稼地里锄草

乡村四月闲人少

——男耕女织

“男耕女织”是江南农耕社会一种传统的生活方式。南宋范成大《夏日田园杂兴·其七》诗云：“昼出耘田夜绩麻，村庄儿女各当家。童孙未解供耕织，也傍桑阴学种瓜。”对于江南乡村男女分工做出了明确的描绘，男子白天在田里辛勤耕耘，女子夜晚在家中搓麻线。孩子们虽然还不懂得耕织之事，但也在桑树荫下模仿大人种瓜，充满了浓郁的生活气息，体现了江南农村男耕女织生活的传承以及这种生活方式下人们的勤劳与质朴。

另一位南宋诗人翁卷，永嘉（今浙江温州）人，与赵师秀、徐照、徐玑并称“永嘉四灵”。他的诗多采取白描手法，诗风平易，简约中有清淡的韵味。翁卷《乡村四月》吟道：“绿遍山原白满川，子规声里雨如烟。乡村四月闲人少，才了蚕桑又插田。”此诗虽未直接提及“男耕女织”，但从“乡村四月闲人少”以及“才了蚕桑又插田”的诗句中可以看出，乡村中人们十分忙碌，男子忙于大田插秧等田间劳作，而蚕桑之事多由女子承担，侧面反映了江南地区农业生产中男女的分工协作，契合男耕女织的生活模式。千百年来，男子负责农田的耕种和农产品的交易，女子则从事纺织和家务劳动。这种分工合作的方式，既保证了家庭的生活需求，又促进了江南地区农业和手工业的发展。

▲ 清末民初上海郊区手工纺纱织布的妇女

近代的江南社会，“男耕女织”的生活方式得以延续，所谓“男耕”，主要是指田间劳作，包括耕种，春天首先整理土地，使用耕牛和犁具将田地翻耕，使土壤变得松软，以便播种。我们看过水乡太多的农民赶着水牛在水田里来回劳作，为水稻种植做准备。还要根据不同的季节和作物，选择合适的种子进行播种。比如在春季播种水稻，秋季播种小麦等。播种时，农民们会小心翼翼地将种子均匀地撒在土地上，确保种子能够顺利发芽生长。水乡不缺水资源，农人会利用水车、沟渠等设施，将河水或湖水引入农田，保证作物在生长过程中有充足的水分。为了提高作物的产量，还要进行施肥，如牛粪、猪粪等农家肥料，把肥料均匀地撒在农田里，为作物提供养分。此外，

▲ 民国时期，江南妇女在家里纺线，自产自销，如有剩余则拿到集市上交换

对农具的制作与维修，基本上也是男人的活。

当农作物成熟时，男子作为家庭主要成员也发挥“顶梁柱”作用，对庄稼的收割、晾晒、脱粒等处理，样样都是力气活，需要男子出大力。如果要将农产品运送到市场上出售，参与市场交易，讨价还价，争取卖得一个好价钱，男子在外抛头露面也更适合于当时的社会环境。

所谓“女织”，当然主要是养蚕、缫丝、纺纱、织布，将蚕茧放入热水中，使蚕茧中的丝胶软化，然后用手或工具将蚕丝从蚕茧中抽出来。缫丝是一项精细的工作，需要女子具备一定的技巧和耐心。当然，到农忙时期，江南女子还是男子的得力助手。女子在插秧完成，稻苗基本长成后，还需要经常在稻田中穿梭，认真地寻找并拔除稗草，以保证水稻的茁壮成长；收割水稻时，女子们会穿着长袖长裤，头戴草帽，在稻田中忙碌地劳作。她们弯下腰，一手握住水稻，一手用镰刀快速地割下，然后将割下的水稻整齐地放在一旁，收割后的农作物需要进行晾晒，以降低水分含量，便于储存。女子们会将稻谷摊

▲ 20 世纪 20 年代，一个农民在田间细细观察庄稼的生长情况

开在阳光下，定期翻动，确保晾晒均匀。她们还需要时刻关注天气变化，及时收起晾晒的稻谷，避免被雨水淋湿。

▲ 民国时期，江南地区农民在农忙时抓紧耕种田地

农忙时期，女子们还要兼顾家庭副业，如饲养家禽家畜。她们会喂养鸡、鸭、鹅等家禽，以及猪、羊等家畜。每天清晨，女子们会起床先去鸡舍、鸭舍收集鸡蛋、鸭蛋，然后给家禽们喂食。对于猪、羊等家畜，她们会准备好饲料，按时喂养，并定期清理圈舍，保持环境的卫生。江南地区传统的家庭副业之一就是纺织，她们会用棉花、麻等原料纺线、织布，制作衣物和家用纺织品。纺织不仅可以满足家庭的穿着需求，还可以将多余的纺织品出售，增加家庭收入。她们在家庭中承担着太多的重要角色，是传统家庭观念的维护者和传承者，相夫教子，以自己的品德和言行影响着家庭成员。明清时期的江南地区，母教尤为发达。江南女子以自身的才学和智慧，为子女提供了良好的教育环境和教育方法，培养出了许多优秀的人才。这种母教传统不仅对家庭的发展有着重要的意义，也对社会的文化传承和发展产生了积极的影响。

常将有日思无日

——积谷防饥

有一句耳熟能详的老话：“养儿防老，积谷防饥”，出自元高则诚《琵琶记·谏父》。《增广贤文·上集》也收录了这句话，指的是养育子女是为了防备年老时无人照顾，囤积粮食是为了防备饥荒。这句老话其实传达了中国传统文化中关于家庭责任和个人责任的价值观念，也提醒人们应该注重长远规划，才能寻求最好的结果。“积谷防饥”本意是储存粮食，防备饥荒，也可作未雨绸缪，有备无患解。

清末与民国时期的江南农民面临着极其复杂且艰难的社会环境。

首先是天灾频仍，江南地区虽较为富庶，但水网密布，经常遭受洪涝、干旱、台风等自然灾害的侵袭。由于水利设施不完善，农民在面对自然灾害时缺乏有效的抵御能力，农作物受灾严重，粮食减产甚至绝收，给农民的生活带来了巨大的困难。加之随着人口的增长和经济的发展，对自然资源的过度开发和利用，导致江南地区的生态环境逐渐恶化。一旦受灾，粮食供应短缺，导致粮价飞涨。若没有储备粮食，农民及其家庭就会面临饥饿的威胁。在一些严重的水灾年份，大片农田被淹没，庄稼颗粒无收，农民只能依靠此前的存粮度日。

其次是“人祸”，战乱频仍。在各个历史时期，大抵都存在严重的公权力腐败现象。官员们贪污受贿、搜刮民脂民膏，对农民的疾苦漠不关心。农民不仅要承担繁重的赋税，还要忍受官员的欺压和勒索。一些地方官员为了中饱私囊，巧立名目增加各种税费，加重了农民的负担。清末的太平天国运动、义和团运动等，以及民国时期的军阀混战、日寇侵华等，都给江南地区带来了巨大的破坏和灾难。战争导致大量农田被荒废、农民流离失所，生命和财产安全受到严重威胁。而且，战争还使得农村的社会秩序混乱，土匪、盗贼横行，农民的生活更加艰难。传统的社会等级制度依然存在，农民处于社会的底层，缺乏向上流动的机会。士绅阶层在农村拥有较高的地位和权力，他们与官府勾结，控制着农村的经济和政治资源，农民的权

▲ 1906 年的江苏水灾，以江北徐州、海州（今连云港）、淮安各地灾情最为严重，粮食颗粒无收，百姓流离失所，惨不忍睹

益得不到保障。中国社会历经诸多变革与动荡，战争不仅会破坏农业生产，还会影响粮食的运输与分配。农民为了在动荡的局势中保障自己和家人的基本生活，需要储备粮食以应对可能出现的食粮中断或价格暴涨的情况。

当时的农村经济体系相对脆弱，农民收入不稳定，且市场机制不完善。农产品价格波动较大，农民可能在某一年丰收但收入微薄，而在另一年又因灾害或其他原因导致收成不佳。通过积谷，农民可以在丰年储存部分粮食，以弥补歉年的粮食不足，避免陷入饥饿与贫困。

▲ 20 世纪 20 年代，南通的一名藏族男子正利用独特工具给大麦脱粒

江南还一直流传着这样的一则民间故事“古代妇人积米缸”，很久以前，有一位家庭妇女，她每天做饭时都要先抓一把粮食出来，放在另外一个专用米缸里。虽然村子相对富裕，吃饱饭不成问题，但她不在意别人的眼光，坚持这个习惯。后来，当地大旱，家家粮食歉收，许多人家都揭不开锅，而这位妇人用专用米缸里的粮食，让全家人安然渡过了难关。此后，很多人家也开始效仿她的做法。这个故事体现了积谷防饥的智慧和重要性。

▲ 农村秋天丰收，稻谷脱粒入仓，江南农民正在作业的情景

所以，普通农民会修建仓储设施，尽管较为简陋，但能起到一定的防潮、防虫作用，以保证粮食在较长时间内的质量。在农作物种植安排上，会选择同时种植早熟和晚熟的水稻品种，或者在田间套种其他粮食作物。日常生活中尽量节约粮食，避免浪费，丰年想着歉年，采取各种方法来应对突发的粮食短缺情况。

唐代李绅《古风二首·其一》：“春种一粒粟，秋收万颗子。四海无闲田，农夫犹饿死。”这首诗虽主要是反映农民的苦难，但从侧面也能看出粮食储备的重要性。如果有足够的积谷，或许能在灾荒之年避免饿死的悲剧，

▲ 1945 年杭州农家少年面带丰收的喜悦

▲ 1930 年上海周边乡下女人与脱粒机和干草堆

也可理解为一种对积谷防饥的潜在呼吁。《增广贤文》中说：“常将有日思无日，莫把无时当有时。”这两句虽然不是严格意义上的独立诗词，但在民间流传甚广，且具有很强的警示意义，强调了要在生活富足时为可能的困难时期做好准备，与积谷防饥的思想相契合。

三月长工去犁田
——劳动关系

农民与地主，长工与东家，这是江南农村劳动关系中一直会出现的现实问题，由于存在着大量的土地租佃现象。大地主占有田地却有很多居住在城镇，乡村以小地主和佃户为主。城居大地主拥有大量土地的田底权，而佃户拥有田面权，形成了一种双层地权结构。这种结构下，佃户对土地有相对稳定的耕种权利，地主不可随意更换佃户。一般来说，地主向佃户收取地租，扣除地租后的收成归佃户所有。地租通常占正产收成的一定比例，如在30%～70%之间波动，双层田的地租相对更便宜些，约为正产收成的20%～50%。

这就造成了生产资料占有者与实际劳动者之间关系的不和谐，城居地主与佃户在空间上分离，日常生活中接触较少，地主只在收租时节才回到乡下收租。地主对佃户的生产活动干预较少，佃户在一定程度上有较大的生产自主权。不过，在一些收租事务或涉及土地权益的问题上，双方可能会产生矛盾和纠纷，但总体而言，不像一些地区曾经出现的小地主与农民关系那样紧张对立。与此同时，不能不看到一些地主负有向官府缴税的义务。民国时期，征税力度加大，苛捐杂税多如牛毛，地主为了减少自己的缴税压力，可能会想办法将部分压力转嫁给佃户。如提高地租额度，佃户也会以抗租的方式来维护自己的利益，甚至会寻求官方的支持来阻止地主提高租额。

▲ 清末民初江南地区的地主与士绅合影照

▲ 20 世纪 20 年代，江南的地主

长工与东家的关系，则是一种长期的雇佣契约关系。长工通常是没有土地或土地极少，只能靠给东家长年干活为生。他们与东家签订长期契约，为东家提供相对稳定的劳动力。给地主家当长工，不仅要承担农业生产中的繁重劳动，如耕种、施肥、灌溉、收割等，还可能需要承担东家家中的一些杂活，如砍柴、挑水、喂牲口、外出跑腿等。东家会给长工提供一定的报酬，包括粮食、衣物或少量的货币工资等。报酬水平相对较低，但能保证长工的基本生活需求。此外，有些东家还会为长工提供居住的地方。在地位与相处模式上，长工显然低于东家，但也并非完全是压迫与被压迫的关系。有些东家会相对善待长工，将长工视为家庭的一员，在生活上给予一定的照顾；而有些东家可能对长工比较苛刻，要求严酷，但一般也不会过度虐待长工，毕竟长工是东家农业生产的重要劳动力。这方面要视具体情况做出具体分析，长工与东家之间的关系也呈现出多样性，既有相对和谐的一面，也有紧张冲突的时候。

在苏南农村，有的东家，雇佣了几个长工来帮忙打理家中的农田，这个地主为人比较厚道。每到农忙时节，提前为长工们准备好必要的农具，重视他们的劳动和身体状况。如果发现长工们过于劳累，会适当调整劳作。到了收获季节，按照事先的约定，给长工们分配应得的粮食和报酬，即使在大灾之年，收成不好，东家自认亏损，也给长工们报酬。这样的劳动关系就相对比较和谐，这种状况在民国时期江南农村是真实存在的。

当然，就总体而言，地主阶级与贫苦农民的关系，如同毛泽东《西江月·秋收起义》中说的："地主重重压迫，农民个个同仇。秋收时节暮云愁，霹雳一声暴动。"这虽然是对当时社会矛盾的高度概括和对革命形势的反映，但也深刻体现了地主对农民的压迫以及农民的反抗精神。民国时期江南地区有民间歌谣说："六月长工正吃新，杀只猪仔百来斤。东家碗里冬冬满，长工碗里血加葱。还哇真心实意候长工。"这是一首类似的民间歌谣，形象地表现了长工与东家在饮食待遇上的巨大差异，体现出长工的艰苦处境以及东家的吝啬与不公。

▲ 1905 年，两个打活的男子在干草堆和动物围栏前合影

▲ 1918 年，上海虹口通山路上，一名带独轮车的长工

还有描述长工劳作辛苦的民间歌谣："正月长工去拜年，手拿白纸定工钱。打转窝心做一

▲ 20 世纪 40 年代，南京的一位给蔬菜施肥的青年农民

年。二月长工去上工，肩挑罗担到田中。去时一担牛屎粪，回来一担草皮筋。还哇长工不忠心。”“三月长工去犁田，右手拿起打牛鞭，左手牵起花黄牯，同牛起呀傍牛眠。只有长工真可怜。”这些歌谣生动地刻画了长工在田间劳作的辛苦场景，甚至连休息都只能在牛的旁边，凸显出他们生活的困苦。

▲ 20 世纪 30 年代，每年春天上海静安寺附近都会举行静安庙会，以竹器制品为特色

乡集喧阗货物全
——集市供给

江南乡村的集市，是四乡八邻的商贸集结地，鱼市、肉市、菜市、牲口市、副食品市、针头线脑服装市……几乎每个摊前都是人头攒动，人流摩肩接踵，交易中的讨价还价，显得热闹异常。空气里弥漫着各色小吃诱人的香味，小贩们充满激情地吆喝，这些对于农民生活的物资供给显得特别重要。

乡村集市一个基本的功能是为农民提供基本生活物资，首先是食物供给，农民自家种植的农产品也许远远不能满足全部的饮食需求，集市上可以买到本地其他村庄生产的粮食、蔬菜、水果等。在一些山区的农民种植的粮食作物种类有限，通过集市可以购买到其他地区盛产的大米、小麦等。而且，集市上还有各种肉类、禽类、蛋类等供应，像猪肉、鸡肉、鸡蛋等都是农民餐桌上常见的食物来源。江南地区虽然产棉，但并非所有农民都有能力自己织布做衣。集市上有各种

▲ 清末江南乡村集市

布料、成衣出售，农民可以在集市上挑选适合自己的衣物。其他诸如锅碗瓢盆、扫帚、油灯等日常生活用品，农民大多也是从集市上购买。这些看似普通的生活用品，对于农民的日常生活不可或缺。例如，做饭用的铁锅、烧水壶等，一旦损坏或需要更换，农民就会到集市上寻找合适的商品。

农业生产离不开农具等生产资料，乡村集市又为农民提供了购买锄头、镰刀、犁耙等农具的机会。一些新型农具也会通过集市传播开来，提高生产和作业效率。农民可以根据自己的生产需求进行采购，为农业生产提供必要的物资支持。牲畜交易也是一个重要的组成部分。农民在生产过程中的剩余农产品，自然需要通过市场流通的方式交换，集市贸易应运而生，不仅满足了本地市场的需求，还远销其他地区。

还有一些有手艺的农民在从事农业生产之外，还会利用农闲时间从事手工业生产，如编织竹篮、制作布鞋、酿酒等。这些手工业产品也可以在集市上出售，为农民增加额外的经济收入。

江南乡村集市有周期性、地域性以及综合性的特点，有固定的举办时间，一般以农历的日期为准，如逢单、逢双或者逢几的日子举办集市。这种周期性的安排方便了农民和商贩提前做好准备，也使得周边的居民能够形成固定的购物习惯。例如，有的集市是逢三、六、九举办，有的则是逢二、五、八举办等。集市的周期还会根据当地的农事活动进行调整。江南乡村集市的辐射半径一般在几千米到十几千米不等。乡人也往往会选择距离较近的集市进行交易，天长地久，每个集市都有其相对固定的顾客与服务范围，形成了一定的地域特色，如靠近山区的集市可能会有较多的山货、木材等商品；靠近水乡的集市则会有更多的水产品、水生植物等。地方特色商品成为江南乡村集市的独特景观。至于乡村集市上的商品种类，涵盖了农民生活和生产的各个方面。除了上述提到的农产品、生活用品、生产资料等，还有一些小吃摊、杂货店、理发店等服务性店铺，为农民提供了多样化的选择。

乡村集市不仅是商品交易的场所，还具有社交、娱乐等功能。人们在集市上可以与亲朋好友相聚，交流信息、增进感情；同时，集市

▲ 20 世纪 30 年代，上海妇女从街头市场商贩那里购买农产品

▲ 20 世纪 30 年代，上海菜贩推着独轮车，车上载着装有农产品的篮子去菜场出售

▲ 1902 年上海赛马日集市上的食品摊位

上还有一些民间艺人表演江湖杂耍等娱乐活动，为农民的生活增添了乐趣。清末及民国时期，集市上的交易方式灵活，以物易物的交易方式较为常见，这种交易方式在一定程度上弥补了货币不足的问题。随着商品经济的发展，现金交易在乡村集市上逐渐普及，甚至可以赊账，一些老顾客或者信誉较好的人可以在集市上赊账购买商品，等到一定时间后再进行结算，这体现了乡村集市交易的灵活性和人性化。

民国时期有竹枝词描绘乡间集市交易的情景："乡集喧阗货物全，米蔬鱼肉列摊前。农家借此供庖馔，柴米油盐样样添。""布帛菽粟集墟场，贸易纷纷笑语扬。农妇也知颜色好，挑花选布做衣裳。"这些竹枝词描绘了乡村集市上各类生活物资齐全，可以满足日常生活的需求，也描述了乡村集市作为交易场所，集中了布帛、粮食等物品，以及人们在集市上进行交易时的欢声笑语。农妇们也能在集市上挑选到合适的布料做衣裳，乡村集市为农民的日常生活提供了衣食住行等基本的物资供给与保障。

稼穑遭殃苦庶黎

——应对天灾

江南水乡以农业为主，肥沃的土地和纵横交错的水系本应是农业发展的优势，但一旦发生水患，洪水淹没大片农田，庄稼被浸泡、倒伏甚至被冲走，农民们一年的辛勤劳作瞬间就会化为乌有，面临颗粒无收的困境。这不仅导致他们无法获得足够的粮食来维持生计，生活陷入困苦，还可能因为缺少种子和资金而影响下一年的耕种。水患还会冲毁房屋和基础设施，农民们失去了居住的地方，只能在临时搭建的简陋棚屋中避难。同时，水患还会破坏桥梁、道路等基础设施，使得交通中断，物资运输困难。这进一步加剧了农民的悲苦，他们无法及时获得救援物资和生活必需品，也难以将自己的农产品运出去销售。此外，水患之后，接踵而至的就是大疫，洪水过后，污水、垃圾和动物尸体四处横流，滋生大量细菌和病毒，极易传播疾病，由于医疗条件有限，很多农民得不到及时的治疗，病情加重，甚至失去生命。

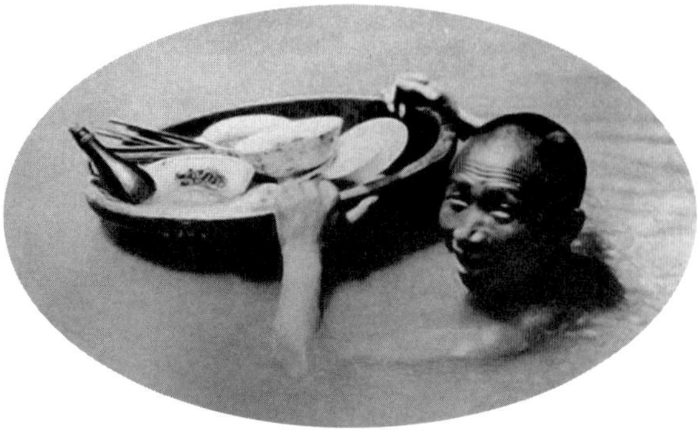

▲ 清末江南地区发大水，一名男性站在洪水中，洪水已经淹没他的肩部，旁边还拉着一个盆。他的表情写满了无奈

▲ 民国上海黄浦江发生水灾，淹没了街道，人们艰难地行进

1931年江淮大水期间，《申报》就有大量的跟踪报道和分析评论，包括水患的成因，如气候、地形因素，以及人类活动对水系的影响等，还阐述了水患对当地社会经济和社会矛盾的影响。民国时期佚名作《水患》竹枝词云：“洪流滚滚漫江堤，稼穑遭殃苦庶黎。欲问苍天何忍虐，苍生泣泪盼晴霓”，向人们描述了洪水滚滚漫过江堤，农作物受灾，百姓生活困苦的悲惨情景。农民们不禁质问苍天为何如此残忍，他们哭泣着盼望晴天的到来，表达了农民对水灾的恐惧以及对天晴的渴望。还有一首竹枝词写道：“江南水患历年忧，夏雨倾盆没稻畴。百姓匆忙搬物什，只求灾过保家留。”反映了江南地区长期受到水患的困扰，夏季大雨倾盆，稻田被淹没。百姓们匆忙地搬运家中物品，只希望在水灾过后能够保住自己的家园，体现了农民在水灾来临时积极采取行动保护自己财产的情景。

江南水乡因为降雨过多形成水灾，街巷中都可以行舟，道路变成了水路。农民的房屋被水淹，大家都非常忧愁，期盼着洪水早日退去，能够重新种植桑树和槐树，恢复正常的生活和生产。“水乡泽国雨成灾，街巷行舟路变涯。农舍水淹愁煞众，何时水退种桑槐”。面对猝不及防的自然灾害，江南农民一般总是未雨绸缪，采取必要的防患措施，如应对水灾，他们也会留意河流、湖泊等水域的水位变化，一旦发现水位上涨过快，就会采取相应的防范措施。对于农田，他们会修筑田埂、堤坝等，以保护庄稼不被洪水淹没。灾难发生后，积极进行灾中自救，转移人员和财物，迅速将家人和重要财物转移到地势较高的山坡、寺庙等，用船只、木筏等工具将人员和财物运送到安全地带，确保家人的生命安

▲ 清末江苏苏北发生洪涝灾害，众多府县连连被淹，满目疮痍，图为等待救援的难民

全和财产不受损失。此外就是推行互助合作的救助举措，组织起来，一起修筑堤坝、排水泄洪，保护村庄和农田。同时，互相照顾老人、儿童和病人，确保每个人都能得到妥善的安置。当洪水退去后，农民们会立即开始清理家园，清除淤泥、垃圾和杂物，修复被损坏的房屋和农田，补种农作物，以将损失降到最低。

倘若是大旱之年，人们会更加珍惜水资源，采用合理的灌溉方法，以减少水资源的浪费，在生活中也会采取各种节水措施，通过"挖掘水井""引山泉水"等措施来寻找水源，将其引到农田和村庄中，以解决用水问题。他们会用竹子、皮管等材料将山泉水引到需要的地方，然后修建水池、水塔等设施，储存和分配水资源。有的地方的农民还会赶紧调整种植结构，在旱灾期间，农民们会根据当地的气候和土壤条件，调整种植结构，改种一些耐旱的农作物，如玉米、高粱、红薯等。这些农作物具有较强的耐旱能力，能够在干旱的环境下生长，减少农民的损失。除了种植农作物，农民们还会发展养殖业，如养鸡、养鸭、养羊等。养殖业对水资源的需求相对较少，而且可以为农民提供额外的收入来源。

在民国时期，江南民众在天灾面前展现出了令人敬佩的勇气，在天灾面前挺直了脊梁，他们用自己的行动诠释了坚忍、勇敢和无私奉献的精神，为后人树立了榜样。

▲ 1931 年民国大水灾，美国飞行员林白拍摄的江苏高邮地区民众运土加高堤坝

▲ 1945 年 1 月上海棚户贫民区大火后，正在整理被烧毁家园的民众

▲ 清末江南遭大灾后流离失所的灾民盼望救助

尊卑有序见醇风

——守望相助

传统是社会良性运行的保障。传统社会在邻里之间、村民之间和其他各种人际交往之间，有一种来自乡土文化的纽结，这就是在漫长历史中长期形成的乡土社会的生存方式，以及乡民之间形成特定的自我组织、自我服务和守望相助的互惠关系。这种关系在宋人吕氏兄弟拟写、朱熹扩充的《吕氏乡约》中有生动体现，“德业相劝，过失相规，礼俗相交，患难相恤”。在乡土共同体中，人们在生计、伦理、规约、礼俗与患难等方面，相互激励、监督、交往、抚恤与救助。这样一种互助互惠的人情交往方式是宋明以来中国乡村社会主流的社交传统。虽然近百年来，随着城市化进程与乡村治理方式的变化趋向淡化，但这种礼俗相交、患难相恤的民俗传统，仍然在民间社会传承。

这主要是几千年来乡土社会的生存方式结构所致，乡土社会以农业生产为主要生存方式。在农业生产中，往往需要大量的人力投入，如播种、收割等环节。单个家庭难以独立完成所有的农活，因此乡民之间会相互帮忙，形成了自我组织和自我服务的模式。例如在插秧季节，村民们会组成互助小组，轮流为各家插秧，提高生产效率。在受到自然环境的影响，如遇到天灾、病虫害等影响时，单个家庭的抗风险能力较弱，而通过乡民之间的守望相助，可以共同应对灾害，减少损失。例如在发生水灾时，村民们会一起修筑堤坝，保护农田和村庄。

▲ 民国时期上海慈幼所元旦为难民发放物资

▲ 民国时期南京妇女赈灾游艺会之秦淮河歌女

另一个因素是生活资源的共享，由于乡土社会中生活资源相对有限，乡民们通常会共享一些公共资源，如水源、山林等。这种资源共享的方式需要乡民之间相互协调和合作，从而形成互惠关系。例如，村民们会共同维护村里的水井，确保大家都能有干净的饮用水。生活物资的交换也是乡土社会的常见现象。由于交通不便，乡民们难以从外部获取所有的生活物资，因此会通过与邻里之间的交换来满足需求。这种交换不仅是物质上的往来，更是一种情感上的交流，加深了乡民之间的关系。

乡土社会中家族观念浓厚，家族成员之间有着紧密的联系。家族通常会承担起一些公共事务的责任，如祭祀祖先、维护家族祠堂等。在这个过程中，家族成员之间会相互协作，形成自我组织和自我服务的机制。同时，家族也会对遇到困难的贫困家庭或成员进行救助，体现了互帮互助的精神。乡土社会中的村落通常是一个相对封闭的共同

▲ 20 世纪 30 年代，上海难民中的儿童拿着饭碗排队领取食物

体。村民们在长期的共同生活中，形成了共同的价值观和行为规范。这种共同的文化认同使得村民们更容易形成互助合作的关系。例如，村里的老人会受到大家的尊重和照顾，年轻人也会主动承担起一些公共事务的责任。有些村落中还存在一些非正式的组织和机构，如庙会、祠堂理事会等。这些组织和机构在协调村民关系、解决纠纷、组织公共活动等方面发挥着重要作用，进一步促进了乡民之间的互惠关系。

在这种关系下，乡民们相互依赖、相互支持，形成了一个紧密的社会网络。当遇到困难和挑战时，这个网络可以为乡民们提供帮助和保护，减少社会矛盾和冲突。许多传统习俗和文化活动都是通过乡民之间的合作来实现的。例如，春节期间的舞龙舞狮、庙会等活动，需要村民们共同参与和组织，丰富了村民们的精神文化生活，也传承了传统文化。

清乾隆时期的徽州文人吴梅颠撰《徽城竹枝词》，对徽州风土人情、节日习俗做了精彩描述，如他对民间祠堂的描述云：“聚族成村到处同，尊卑有序见醇风。千年古墓勤修葺，合祭先期必会通。”宗族内部的成员，一方面要遵守宗族内部的约定，履行必要的义务；另一方面也享受到宗族的庇护。人们会为了共同的信仰、娱乐等活动而团结协作。“乡村赛会共欢腾，老少齐心笑语盈。锣鼓喧天同庆贺，乡情一片此间凝”。至于宗族内部的广泛协助机制，为个体家庭的发展提供了相对稳定的保障，正如《新安竹枝词》中所云：“归来不用买山钱，村有官厅户有田。祭祀能供墓能守，布衣蔬食过年年。”守望相助的习俗承载着乡村的文化传统。通过代代相传，这种习俗成为乡村文化的重要组成部分，传递着团结、互助、善良等价值观。

▲ 1949 年 2 月 21 日，一个难民小女孩在上海救济站排队领米饭

第二章

顺应节气天时的农事活动

江南地区人口密集，土地资源相对有限。人们需要充分利用有限的土地资源，提高农作物的产量。按照节气来从事农事活动，可以确保农作物在适宜的环境下生长，最大限度地发挥土地的潜力，增加粮食产量，以满足人们的生活需求。从清末到民国，江南地区的农业技术虽然有所发展，但整体上仍然相对落后。农民缺乏先进的农业设备和科学的种植技术，对自然环境的依赖程度较高。因此，他们更加依赖节气天时等传统的经验和方法来从事农事活动，以保证农作物的生长和丰收。

中国农耕文明源远流长，经过长期的积累和传承，形成了一套以节气为指导的农事体系。江南地区作为中国农耕文化的重要发祥地之一，这种传统的农耕文化根基深厚。在漫长的历史发展过程中，先辈们通过不断的实践和总结，发现按照节气来安排农事活动能够获得较好的收成，这种经验被一代代地传承下来，成为江南乡村农民深信不疑的农事和生活准则。农业生产是家庭的主要经济来源，长辈们会将节气与农事的相关知识和经验传授给晚辈。这种口口相传的教育方式，使得节气与顺应天时的观念深深扎根于人们的心中，乡村社会中邻里之间的交流和互相学习，也进一步强化了对节气的重视和遵循。

节气对农业生产具有实际的指导意义，既可以准确把握农时，也能够预防气象灾害，更能合理安排农事。农民根据节气的变化来安排农事，能够准确地把握播种、施肥、灌溉、收获等关键环节的时间，提高农业生产的效率和质量。长时期的农业实践，节气的变化也与气象灾害的发生有一定的关联。例如，惊蛰前后气温回升较快，但也容易出现倒春寒等灾害性天气；大暑是一年中最热的时期，又可能会出现干旱等情况。农民通过对节气的观察和理解，可以提前做好防范措施，减少气象灾害对农作物的影响。

农业是江南乡村的主要经济支柱，农民的收入主要来自农作物的种植和收获。农业生产的稳定对于社会的稳定至关重要。江南地区是中国的重要经济区域，农业生产的稳定不仅关系到当地农民的生活，也与整个国家的经济发展和社会稳定紧密关联。按照节气和天时进行农事活动，可以确保农业的丰收和社会的稳定。

▲ 20 世纪 20 年代，一个立春节气，乍暖还寒，姐弟俩在集市上与卖篮子小贩交易

等闲识得东风面

——节气物候

中国人对节气与物候的深刻认识，体现在农业生产、日常生活、文学艺术、养生保健等多个方面，这些认知不仅反映了中国人对自然规律的尊重和顺应，也体现了中华民族悠久的历史文化和丰富的生活智慧。江南地区的民众深知节气对于农业生产的重要性，将其视为安排农事的基本准则。不同的节气代表着不同的气候特点和农事时机，例如立春后气温回升，是播种的时节；谷雨时雨量增多，有利于农作

物生长，是播种的好时机。农民们依据节气来决定何时耕地、播种、施肥、灌溉、收获等，以确保农作物的生长和丰收。

二十四节气是古人根据太阳运行规律编制的“时间地图”。作为一套指导农耕、生活的时间体系，它不仅是时间历法，更承载着民俗、节庆、生活哲学等丰富内涵，成为中华文明的重要标识。中国古人认为，万物春分而生，秋分而成。早在《尚书·尧典》中就有仲春、仲夏、仲秋、仲冬的记载，即春分、夏至、秋分、冬至。这体现出古人对于自然节点的精准把握，是中国对人类科学事业的重要贡献之一。物候则是节气的补充，由于江南地区的气候和地理环境具有一定的特殊性，人们还会根据物候现象来进一步判断农事活动的时机。例如，通过观察动植物的生长、发育、迁徙等现象，来确定某个节气的到来是否与往年相符，以及是否需要对农事安排进行相应的调整。像“布谷催春种”，当听到布谷鸟的叫声时，农民们就知道是播种的好时机到了。

节气与物候影响着中国人的饮食习俗。在不同的节气，人们会食用具有相应时令特色的食物。例如，立春时节吃春卷，寓意迎接春天的到来；江南民众更有“逢熟吃熟”的习俗。对于与节气的气候特点相适应的食物，如夏季炎热，人们会食用绿豆、西瓜等清热解暑的食物；冬季寒冷，人们则会食用羊肉、萝卜等温热滋补的食物。人们还会根据不同的节气调整自己的服饰。在春季，人们会脱去厚重的冬装，换上轻便的春装；夏季则穿着凉爽透气的衣物；秋季气温逐渐降低，人们会添加衣物；冬季则穿上厚厚的棉衣等保暖衣物。物候现象也会影响人们的服饰选择。例如，当看到枫叶变红、菊花盛开时，人们会意识到秋季已经到来，从而选择适合秋季的服饰颜色和款式。

▲ 20 世纪 20 年代的一个立夏节气，牧童站在牛背上，显得闲适而从容

清代苏州学人顾禄《清嘉录》说：“土俗以时，民皆安之。节气既正，物候

▲ 20 世纪 30 年代，大雪中的沪郊农舍以及农妇与孩子

▲ 民国时期江南民众夏至节气泛舟湖上的情景

不忒。顺天应时，乃得其和。农桑之事，各有其期。”这话强调了节气在民间习俗中的重要性，百姓按照节气的时间安排生活，节气准确，物候就不会有差错。顺应天时，才能获得和谐，农业生产也都有各自对应的节气时期，突出了二十四节气对人们生活和农业生产的指导意义。北宋苏轼《赠刘景文》云：“荷尽已无擎雨盖，菊残犹有傲霜枝。一年好景君须记，最是橙黄橘绿时。”虽然没有逐一对每个节气进行描述，但提到了气序的循环变化，以及花朵随着节气的更替而凋零。“一年好景君须记，最是橙黄橘绿时”暗示了不同节气有不同的美好景色和特点，提醒人们要珍惜时光，感受每个节气带来的独特韵味。朱熹《春日》诗：“胜日寻芳泗水滨，无边光景一时新。等闲识得东风面，万紫千红总是春。”描绘了春分时节大地春回、万物复苏、百花盛开的美丽景象，表达了诗人对春天的喜爱和对大自然的赞美之情。

许多中国传统节日与节气密切相关，节气与物候的变化为节日庆典增添了丰富的文化内涵。节气与物候为中国古代诗词创作提供了丰富的素材和灵感。许多诗人通过描写节气与物候的变化，表达自己的情感和思想。例如，唐代诗人王维《山居秋暝》中的“空山新雨后，天气晚来秋”，描绘了秋雨初霁、空气清新的秋日景象；北宋诗人苏轼《惠崇春江晚景》中的“竹外桃花三两枝，春江水暖鸭先知”，通过桃花盛开、鸭子戏水等物候现象，展现了春天的生机与活力。节气

▲ 20 世纪初，江南农夫立春开耕，扛犁赶牛下地耕种

诗词不仅具有很高的艺术价值，还记录了不同历史时期的气候、物候变化以及人们的生活状态，为后人研究历史和自然环境提供了宝贵的资料。

中国人顺应节气养生，利用物候现象养生，注重根据节气的变化调整饮食、起居和运动方式，以达到养生保健的目的，强调根据不同的体质和年龄进行个性化的调养，都提出了丰富的思想和方法。

一鞭分与万家春

——立春开耕

“一年之计在于春，莫待秋到空余恨”，农历二十四节气中的第一个节气——立春，一般都在公历2月4日。所谓“立”就是确立一年中春、夏、秋、冬四季的开始。立春作为节令早在春秋时代就有了，那时一年中有立春、立夏、立秋、立冬、春分、秋分、夏至、冬至八个节令，直到儒家经典《礼记》中的一篇《礼记·月令》和西汉刘安所著的《淮南子·天文训》中，才有24个节气的记载。立春作为中国古代最早形成的八个节气之一，居二十四节气之首，在春秋时期就有隆重的迎春礼。

自古以来，立春有官民同庆的惯例，京城里的皇帝都很重视，地方官员也要照例做做样子。明清时，立春前一天，上海知县要以彩仗迎春。县官要走出县衙，到社坛祭芒神、土牛，然后下田扶一下犁把，举行试耕仪式，以示劝农，重视农事。迎春仪式后，县衙里会雇一名乞丐，饰以官服，令乞丐坐在翻过来的八仙桌上，由兵卒抬着，跟在知县后，称为“春官”。有一句俗谚叫“叫花子做春官，也有这一天”。

许多基层村社在立春日也会举办“迎春会”，找个十多岁的少年化装成一个官老爷，身着纸做的官帽靴，骑着个牛，前往祭祀坛，沿

▲ 清代江南立春开耕仪式图

途敲锣打鼓，放鞭炮以迎春天到来，祈祷保佑来年丰收。清代称立春的贺节习俗为“拜春”，其迎春的礼仪形式称为“行春”。迎春、送春、打春、咬春、踏春、邀春、讨春，可以说，没有一个节气的叫法像立春这样多姿多彩。

▲ 19 世纪 70 年代年前的宁波耕地的春牛和农民

▲ 20 世纪二三十年代，几个外国人正在看一个中国农民耙田

明代的于谦，是个体恤民情的好官，曾经写过《立春》诗：“击罢泥牛物候新，一鞭分与万家春。”说的是江南立春开耕打春牛的习俗。人们也许会匪夷所思，好好的春牛，为什么要鞭打？翻开老上海地方志书，“鞭春牛”的记载比比皆是。一般在立春前，用泥塑一牛，称为春牛。“鞭春牛”前，上海县衙的长官会提前沐浴，换上素服，不坐轿子不骑马，步行到郊外，召集乡民，设桌上供，磕头烧香。立春当天，男人们都争抢着要摸一摸春牛，“摸摸春牛脚，赚钱赚得着”。大家相信，摸了春牛一年里就会吉祥如意。妇女们则抱着小娃娃，绕春牛转三圈，据说此举能防病。当地有声望的长者会用鞭子象征性地打春牛三下，意味着一年的农事开始，然后村民一拥而上，将泥牛打得稀巴烂。大家抢着这些泥巴，高兴而回，撒在自家的农田里，这叫抢春，预示着一年的“五谷丰登”。

“打春牛”的“打”还意味着打去春牛的懒惰，迎来一年的好收成。牛在传统农业社会中是重要的劳动力，象征着农业生产的力量。

打春牛寓意着唤醒沉睡的耕牛，准备投入新一年的农业生产，表达了人们对丰收的强烈渴望。江南地区以农业为主，土地肥沃，物产丰富，但农业生产也受到自然条件的影响，如气候、雨水等。通过打春牛这一仪式，农民希望能够得到神灵的庇佑，确保农作物茁壮成长，获得丰收。清代的上海人还变着法子做春牛，用纸糊的春牛，堪称那个年代的“创意”：用竹木做支架，纸糊的春牛肚子里装着五谷，在“鞭春牛”的这天，举鞭狠打，牛倒了，纸烂了，五谷四下流，也象征打出了一年的五谷丰登。时有沪上竹枝词吟道：“正月十三三月十，江村看罢又槐塘。争奇斗异做春事，人海人山奔若狂。”还有人作《春牛榜子》诗：“不得职田饥欲死，儿侬何事打春牛？岁首常思盘中餐，脆鞭一响打出春。”

▲ 20 世纪 20 年代，上海以西太湖地区的江南农妇在耕耘

▲ 20 世纪 30 年代江南农民立春开耕，积极进行耕作活动

其实，“鞭春牛”的习俗在上古时代已经出现，《周礼·月令》中的“出土牛以送寒意”，送寒意、促春耕，还表现了古人的原始信仰，《东京梦华录》对此有很详细的记载。立春是二十四节气之首，标志着春天的开始和新的农业周期的到来。立春之际，按照江南地区的气候，立春过后气温逐渐回升，大地复苏，万物生长。打春牛仪式与节气的变化相呼应，象征着人们顺应自然规律，积极投入农业生产。这一仪式也提醒人们珍惜时光，抓住春天这个关键的农业生产季节。在江南的农村，农民们通常会在立春后开始准备春耕，

包括修理农具、整理田地、购买种子等。打春牛仪式为他们提供了一个明确的时间节点，激励人们及时行动，为新一年的丰收打下基础。

立夏称人轻重数

——立夏称人

古人对立夏有很多吟咏，立夏时节，樱桃红、梅子青、枇杷黄，槐香暗渡，青草池塘处处蛙鸣。真可谓“低眉春已逝，抬头夏伊始”。立夏这一天，古也称春尽日，一般骚人墨客，惜春心事难免多情，春愁付诸诗词，邀朋聚饮。清道光十年《太湖县志》中记载：“立夏日，取笋苋为羹，相戒毋坐门坎，毋昼寝，谓愁夏多倦病也。”说的是这天坐门槛，夏天里会疲倦多病。

春日已逝，夏天的脚步便匆匆而来。江南地区慈祥的老妈妈，每到立夏节气，会用彩色丝线编好丝网，将煮好的鸡蛋挂在孩子们脖子上。那番情景，是一种多么温馨的记忆。所以，立夏本身就带着人世间的温暖。

▲ 1870 年宁波陶台衙门园内的夏日亭

至于江南的立夏习俗，不外乎“尝三新”“斗鸭蛋”“称体重”，“立夏尝三新”，清王泰偕《吴门竹枝词四首其三立夏》：“梅绿樱红春二清，果然立夏见三新。怜他一点羞光念，也比深宫献庙真。”这首竹枝词提到了立夏“见三新”的习俗，江南地区在立夏时节会品尝新上市的食物，这里的“三新”具体

▲ 1886 年宁波附近的农村，适逢立夏称人，一个外国女子要试一试

所指因地域而异可能会有所不同，但都是应季的新鲜食材。江南有不同的“三新”，如南京人指的是玄武湖的樱桃、高淳的青梅、镇江的鲥鱼；苏州人则是指樱桃、青梅和麦子；无锡三新品种分得更细了，如“地三新”（蚕豆、苋菜、黄瓜）、“树三新”（樱桃、枇杷、杏子）和“水三新”（海蛳、河豚、鲥鱼）等，各地都有特色。旧时五月有门悬皂荚风俗，皂荚状若刀形，称为“悬刀”，相传可以吓跑鬼怪和污秽不洁之物。

特别有趣的当数立夏“称人”习俗，这个“称人”主要是“称娃”，谚曰：“立夏胸挂蛋，孩子不疰夏。”清秦荣光《上海县竹枝词》云：“立夏称人轻重数，秤悬梁上笑喧闺。”描述了上海地区立夏称重的习俗。在立夏这一天，人们会用秤来称体重，以观察身体的变化，这一习俗寄托着人们平安度过炎夏的心愿。20世纪30年代《宁国县志》中记载：“立夏。以秤称人体轻重，免除疾病，所谓不怯夏也。俗传立夏坐门坎，则一年精神不振。”孩子好好的，称他作甚？这个“称人”习俗，主要流行于我国南方，据说这一天称了体重之后，就不怕夏季炎热，不会消瘦，否则会有病灾缠身。一般在是日吃罢中饭后，人们在村口或台门里挂起一杆大木秤，秤钩悬一个凳子，大家轮流坐到凳子上面称人。司秤人一面打秤花，一面讲着吉利话：“秤花一打二十三，小官人长大会出山。七品县官勿犯难，三公九卿也好攀。”“三公九卿”就不要去高攀了，大家希望的是有个好身体，健健康康，平平安安，岁月静好。

“立夏称娃”，据说还有民间传说：谓诸葛亮七擒孟获，孟获归顺蜀国之后，对诸葛亮言听计从。诸葛亮临终嘱托孟获每年要来看望

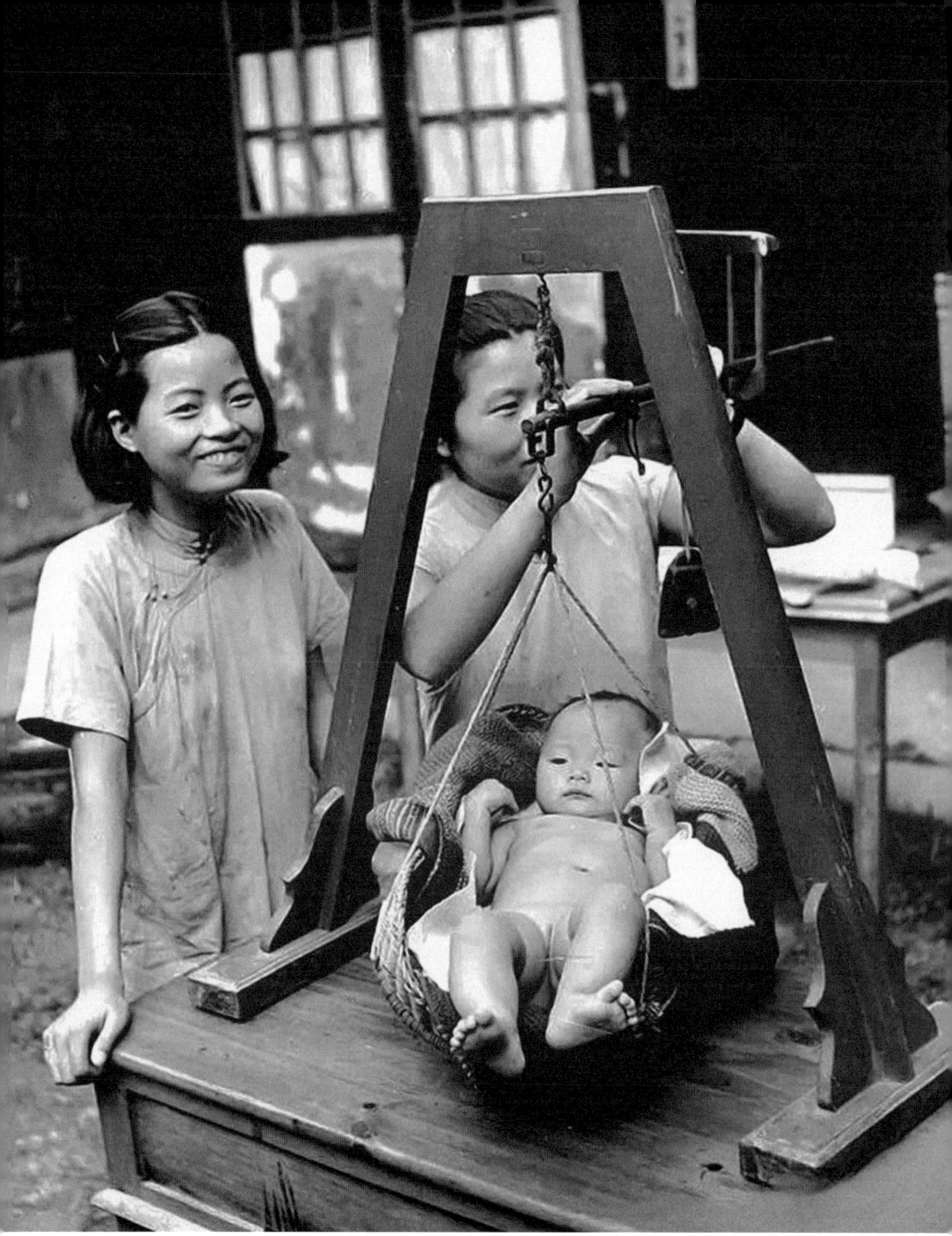

▲ 1941 年的立夏节气，城里的两个女子正在给孩童称体重

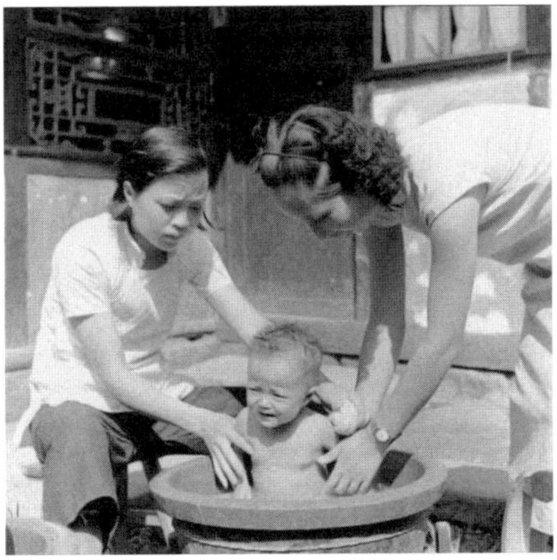

▲ 20 世纪 30 年代，一个立夏节气，上海一户人家两个女子正在为一个小孩洗澡

▲ 20 世纪 40 年代，夏日上海几位老人与孙辈在一起，他们手里都拿着蒲扇

蜀主刘禅（小字阿斗）一次。诸葛亮嘱托之日，正好是是年立夏，孟获当即去拜见阿斗。从此以后，每年夏日，孟获都依诺来蜀拜望。过了数年，魏国司马昭灭掉蜀国，掳走阿斗。而孟获不忘丞相嘱托，每年立夏带兵去都城看望阿斗，每次去则都要称阿斗的体重，以验证阿斗是否被晋武帝司马炎亏待。他扬言如果亏待阿斗，就要起兵反晋。晋武帝为了迁就孟获，就在每年立夏这天，用糯米加豌豆煮成中饭给阿斗吃。阿斗见豌豆糯米饭又糯又香，就加倍吃下。孟获进城称人，每次都比上年重几斤。阿斗虽然没有什么本领，但有孟获立夏称人之举，晋武帝也不敢欺侮他，日子也过得清静安乐，福寿双全。从民俗文化上看，民众总是希望“清静安乐，福寿双全”的太平世界。“立夏称人”会给阿斗带来福气，人们也祈求上苍给他们带来好运。后民间仿效，由此形成风俗。

立夏称人是江南地区的一项传统习俗。源于古代人们对健康和长寿的追求，也是一种对夏天炎热气候的应对方式。这种活动不仅增进了人与人之间的感情，也让人们在忙碌的生活中找到了一种轻松愉快的方式来度过立夏这个节气。

“节交立夏记分明，吃罢摊菜试宝秤”。立夏习俗丰富多彩，充满了生活气息和文化内涵。这些习俗不仅是人们对自然的敬畏和感恩之情的表达，更是一种对生活的热爱和对未来的美好祝愿。

▲ 1870 年夏天，浙江嘉兴农舍旁的石轮（碾磨机）给稻谷脱壳

看舞越姬学醉仙

——夏九九歌

关于“冬九九歌”和《九九消寒图》也许大家都耳熟能详，从冬至日算起，每九天为一九，连数九个九，共八十一天。一般而言，三九、四九，是一年中最冷的时段。当数完九个“九天”，便春深日暖、万物生机盎然，是春耕的时候了。那歌词是：“一九二九不出手，三九四九冰上走，五九和六九，沿河看杨柳，七九河冻开，八九燕子来，九九加一九，耕牛遍地走。”

殊不知在江南，以夏至为起点，还有“夏九九歌”，描述的是从炎热夏季到秋高气爽这一段时间的人体对于物候与外界的感受。进入夏天，烈日炎炎，酷热难耐，在没有空调和电扇的年代，人们要度过炎热的夏天是多么不容易，古人将这几个月的炎热日子称为“百日大难”。所以，明代文人谢肇淛《五杂组》中收录的“夏九九歌”比较具代表性："一九二九，扇子不离手；三九二十七，冰水甜如蜜；四九三十六，汗水如沐浴；五九四十五，头戴秋叶舞；六九五十四，乘凉入佛寺；七九六十三，床头寻被单；八九七十二，思量盖夹被；九九八十一，阶前鸣促织。"

在明代谢肇淛《五杂组》之前，"夏九九歌"还流传着许多版本，南宋人陆泳的《吴下田家志》中就有记载："夏至入头九，羽扇握在手；二九一十八，脱冠着罗纱；三九二十七，出门汗欲滴；四九三十六，卷席露天宿；五九四十五，炎秋似老虎；六九五十四，乘凉进庙祠；七九六十三，床头摸被单；八九七十二，子夜寻棉被；九九八十一，开柜拿棉衣。"

"冬九九歌"主要体现的是黄河中下游一带气候，然而，夏至，是一年中正午太阳高度最高的一天。中国地处北半球，夏至日太阳直射北回归线，此时全国大部分地区高温炎热，南北温差不大。"夏九九歌"比"冬九九歌"具有更大的适应性和普遍性。清代的"夏九九歌"还有一个版本，即清杜文澜编撰的《古谣谚》里的一首"夏九九歌"："一九至二九，扇子不离手；三九二十七，吃茶如蜜汁；四九三十六，争向街头宿；五九四十五，树顶秋叶舞；六九五十四，乘凉不入寺；七九六十三，夜眠寻被单；八九七十二，被单添夹被；

▲ 1902 年，上海九江路上有上海人用扇子遮阳

▲ 民国时期，上海夏季的公园里，两名穿短旗袍的年轻女子坐在长椅上休息喝饮料

九九八十一，家家打炭墼。”

有一句老话说：“冷在三九，热在三伏。”如果要做一个对应的话，三伏天大约相当于“夏九九”里的三九、四九。江南地区的伏天规律，大致是夏至后，第三个庚日至第四个庚日的十天为初伏，第四个庚日至立秋后初庚的十天为中伏，立秋后初庚起的十天为末伏。第三个庚日一般都已经是夏日的三九了。而末伏都在立秋后，虽说此时天气还很炎热，但热度已经是强弩之末，早晚总是要凉爽了。

按照吴地风俗，夏至禁忌颇多，顾禄撰《清嘉录》说，夏至日“慎起居，禁诅咒，戒剃头”。此外还有“了田过夏至”的习俗，清代《吴郡岁华纪丽》载：“农家垦田插莳始于芒种，毕于夏至，了田

▲ 1934 年夏日，南京街头，一名男子挑着挂满鸟笼的担子走在街头

▲ 1949 年上海夏季，众多穿着夏装的行人漫步在外滩街头

之时，必市鱼肉荤菜，以祀先过节，设酒肉相慰劳，以麦芽作饼，馈贻亲串，名了田过夏至。盖此时插种乍青，农人可得数日息也。”从芒种节气开始的忙碌，到夏至基本忙完，因此可以短暂休息几天。人们买来鱼肉荤菜，祭祀祖先后，快快乐乐地过一个“夏至节”，亲友之间还要互相馈赠“麦芽饼”。“了田过夏至”，只是农忙的一个间隙。

在一些关于西湖古诗的诗文中，提及民国佚名诗人所作的“西湖诗”：“西湖西畔天外天，野味珍馐里鲜。他日腰缠三万贯，看舞越姬学醉仙。”体现了江南西湖地区的夏日景色和美食等，展现了江南夏日的一种悠闲生活状态，与“夏九九歌”所蕴含的江南夏日生活氛围有一定的呼应。

在江南的悠悠岁月里，“夏九九歌”宛如一首独特的生活诗篇，深刻地反映着季节的流转与人们的生活节奏。它是江南地区劳动人民在漫长岁月中，细致观察自然、不断总结生活经验的智慧结晶。“夏九九歌”以极为通俗易懂的歌谣形式，把复杂多变的气候现象和规律有序的生活经验巧妙地归纳总结，方便人们记忆和代代传承。在传唱“夏九九歌”的过程中，人们自然而然地将自身的情感融入其中。就像歌里唱的“九九八十一，家家找棉衣”，短短一句，既描绘出季节更替时，人们对凉爽秋天的期盼，渴望在这个舒适的季节里继续安稳地生活；同时也暗示了夏天炎热潮湿的气候给生活带来的挑战。可以说，“夏九九歌”的传唱，为人们提供了一个情感表达的窗口。在这里，人们可以抒发对自然的敬畏之心，展现对生活的热爱之情，更寄托着对未来美好生活的无限希望。

▲ 民国时期，上海码头吊装卸货现场，转运仓储粮食的场内运输火车正在运行

收来新粒几仓盈

——秋收冬藏

农业生产中的秋收冬藏，具有鲜明的地域特色和时代特点，近代文人吴未淳《浣溪沙·秋收》词云："村北村南脱谷声，收来新粒几仓盈。日斜人语杂鸡鸣。妇孺挽筐犹拾穗，牛羊返圈自刍青。此间处处见升平。"生动地描绘了秋收时节乡村中脱谷、收粮的热闹场景。人们忙碌着收获新的谷物，仓库渐渐充盈，日头西斜时仍能听到人们的话语声和鸡鸣声。妇女和孩子还在捡拾遗落的稻穗，牛羊也回到圈中吃草，处处呈现出一片升平的景象，体现了秋收时的丰收喜悦和乡村生活的安宁。

当秋风悄然拂过，大地便染上了一片金黄。农民对农作物的收割时间了如指掌，他们如同与土地和自然订立了无声的契约，精准地依据不同作物的成熟周期和节气变化安排着秋收的节奏。水稻田里，沉甸甸的稻穗低垂着，在阳光下闪烁着耀眼的光芒。当节气步入秋分前后，农民知道，稻子已经成熟，是时候收割了。他们身着粗布衣衫，头戴草帽，拿着镰刀，早早地来到田间。他们弯下腰，熟练地挥舞着镰刀，“唰唰”的割稻声此起彼伏，仿佛是大地奏响的丰收乐章。

秋收后，农民会选择空旷、通风良好且阳光充足的场地，如打谷场、自家的院子或屋顶等，晾晒收获的稻谷，使它们能够均匀受热和干燥。经过数天的晾晒，直到稻谷的水分含量降低到适宜储存的水平。稻谷晾晒完成后，农民会进行筛选，去除其中的杂质、瘪粒和破碎的颗粒。将质量较好、颗粒饱满的稻谷作为优质品储存起来，用于自家食用或出售；而质量稍次的稻谷则作为饲料或其他用途。除了水稻，江南的田间还种植着各种豆类和杂粮。绿豆在暑气未消时便已成熟，农民小心翼翼地采摘着饱满的豆荚，仿佛捧着一颗颗绿色的宝石。黄豆则在秋风渐凉时迎来收获季，一串串金黄的豆荚挂满枝头，农民用棍棒轻轻敲打，黄豆便纷纷滚落。还有那高粱，红彤彤的穗子像燃烧的火焰，农民用力砍下高粱秆，将其捆绑成束，运回家中。

▲ 民国初年的一位农妇秋收后在家门口晒谷

▲ 1945 年杭州农家一位老妇人正在晒谷

在这个收获的季节里，江南的乡村弥漫着浓郁的稻香和泥土的气息。人们忙碌的身影、欢快的笑声，与金色的田野共同构成了一幅美丽的秋收画卷，见证着近代江南农民的勤劳与智慧，也承载着他们对美好生活的向往与追求。

所谓“冬藏”，包括粮食储存与仓储建设，粮仓的建筑结构注重防潮、防虫和通风。一般来说，粮仓的地基会用石头或砖块垫高，以防止地面的潮气进入仓内；仓壁会采用厚实的木板或砖石结构，以保证粮仓的坚固性；仓顶则会设计成倾斜的形状，便于雨水的排出。粮食储存前，会进行充分的干燥处理，确保粮食的水分含量在安全范围内。储存过程中，会在粮仓内放置一些防虫的药物，如石灰、硫黄等，以防止害虫的滋生。同时，还会定期对粮仓进行检查和通风，保持仓内的干燥和空气流通。

“冬藏”还包含蔬菜的腌制与干制、冬季保存蔬菜，乃至家禽家畜的饲养与管理。冬季蔬菜供应相对较少，为了延长蔬菜的保存时间，江南农家会采用腌制的方法，如腌制蔬菜有咸菜、萝卜干、酱黄瓜等。将蔬菜切成片状或条状，然后放在阳光下晾晒或在通风良好的地方风干，制成笋干、干豆角、黄花菜等，是为干制。

至于家禽家畜的饲养与管理，烦心的事情也不少，例如冬季气温较低，家禽家畜过冬，能量消耗较大，因此农民们会增加饲料的投喂量，以保证它们能够获得足够的能量。还得准备好足够的饲料，为了防止家禽家畜受冻，农家一般都会搭建简易的棚舍或在原有圈舍内添加垫草、稻草等保暖材料，在鸡舍内铺上厚厚的稻草，猪圈、牛舍内设置挡风的屏障，以减少冬天寒风的侵袭。

所谓“冬藏”，意味着将秋收的粮食妥善储存起来，也可以说是全面做过冬的准备，确保粮食在冬季能够安全储存，为一家人提供充

▲ 庄稼地里长出粮食，这名男孩才能端着一碗米饭大口吃饭。图摄于 1940 年的影像

▲ 20 世纪 30 年代，一位老人教他的孙子诵读“春种一粒粟，秋收万颗子”的诗句，从小就要养成“珍惜粮食”的习惯

足的食物来源，这是过冬的重要物质准备。江南农家为过冬还要做燃料准备、衣物准备，不仅是为了应对冬季的寒冷，更是为了确保家庭的生计和生活质量。在这个过程中，农家充分发挥了自己的智慧和勤劳，展现了他们对生活的热爱和对未来的希望。

▲ 20 世纪 40 年代南京冬至前后，一个身穿围裙摇着拨浪鼓卖食品的小贩，正在招徕生意

相传冬至大如年

——冬至如年

古代的冬至是一个非常重要的节气。中国传统的历法以太阳历和太阴历相结合，冬至是太阳历中一个重要的节点，标志着太阳直射点到达南回归线，白昼最短，夜晚最长。从阴阳学说的角度来看，冬至是阴极之至，阳气始生的时候，象征着新的循环开始。古代历法中，冬至往往被视为一个重要的时间节点，与新年的时间接近。在一些地区，冬至甚至被视为旧年的结束和新年的开始，因此有着"冬至大如

年”的说法，它意味着一年的农业生产即将结束，人们开始总结过去一年的收获，为来年的耕种做准备。

冬至在江南地区有着悠久的祭祀传统，冬至这天，家族成员会聚集在一起，前往祠堂或墓地，表达对祖先的敬仰和怀念之情。祭祖仪式结束后，家族成员会一起清理墓地，拔除杂草，培土修坟，以示对祖先的尊重和关爱。同时，家族成员也会在墓地周围挂上纸钱并焚化，向祖先送上祭品和“钱财”，让祖先在另一个世界也能过上富足的生活。

从家庭人伦而言，冬至是家庭团聚的重要时刻。冬至这天，家庭成员都会尽量赶回家中，一起吃团圆饭。这与春节的家庭团聚相似，因此冬至在江南地区被视为一个重要的节日。汤圆是冬至最具代表性的食品之一。汤圆在江南，象征着团圆和圆满，寓意着家庭和睦、幸福美满。汤圆的形状圆润，寓意着人们对美好生活的向往和追求，有着丰富的文化寓意。

喝冬酿酒，是江南地区冬至特有的习俗。冬酿酒通常以糯米为主要原料，加入桂花、糖等调料，经过发酵而成。冬酿酒色泽金黄，香气扑鼻，口感醇厚，甜而不腻。在寒冷的冬至时节，喝上一杯温热的冬酿酒，既能暖胃驱寒，又能增添节日的氛围。冬酿酒的制作过程非常讲究，需要选择优质的糯米和桂花，掌握好发酵的时间和温度。一

▲ 苏州有句老话：“冬至不喝冬酿酒是要冻一夜的”，喝冬酿酒一直是苏州人过冬至的必备仪式

些传统的酿酒作坊会在冬至前几个月就开始准备，确保冬酿酒的品质和口感。冬至喝冬酿酒是一种传统习俗。人们会在冬至这天，与家人一起品尝冬酿酒，分享喜悦。一些地方还有在冬酿酒中加入鸡蛋、红枣等食材的习俗，使冬酿酒更加营养丰富。同时，人们也会将冬酿酒作为礼物送给亲朋好友，表达祝福之情。

与北方人冬至吃饺子的习俗不一样，馄饨也是江南地区冬至的传统食品之一。关于冬至吃馄饨的由来，一说，汉朝北方匈奴部落中有浑氏和屯氏两个首领，十分凶残。百姓对其恨之入骨，于是用肉馅包成角儿，取“浑”与“屯”之音，呼作“馄饨”，恨以食之，并求平息战乱，能过上太平日子。因最初制成馄饨是在冬至这一天，所以江南就有了冬至吃馄饨的习俗。另一说是，馄饨的形状像元宝，冬至吃

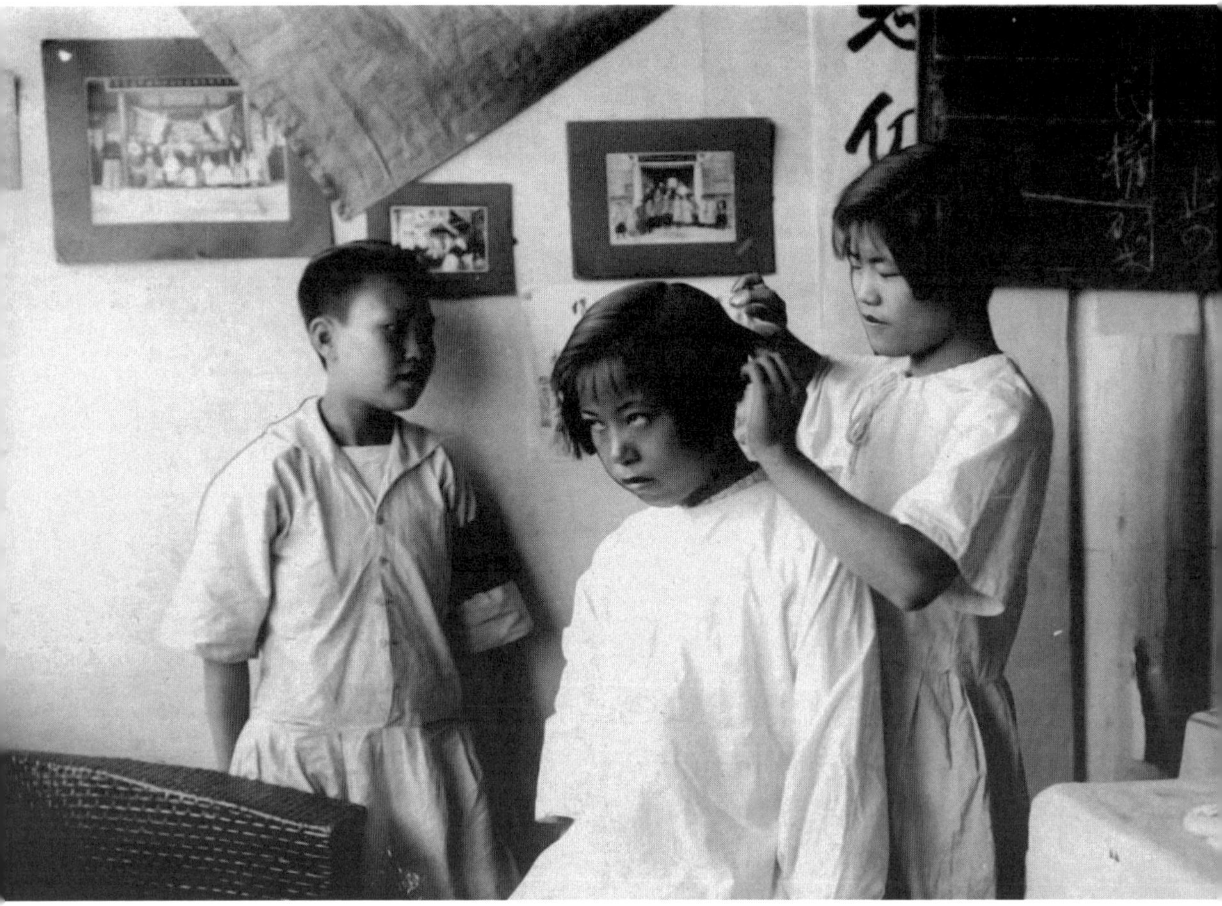

▲ 民国时期江南妇女过冬至前到镇上去整理自己的头发

▲ 20 世纪 30 年代，江南古镇上过冬至，民众如同过年一样，走亲访友

▲ 冬至前后也是小贩上街摆摊的忙碌时刻。图为正在招徕生意的换糖小贩

馄饨寓意着招财进宝，希望在新的一年里能够财源广进。馄饨可以煮着吃，也可以煎着吃，口感鲜美，营养丰富。冬至这天，江南地区的家庭会一起包馄饨，享受制作美食的乐趣。全家人围坐在一起，品尝着热气腾腾的馄饨，感受着家庭的温暖和幸福。

“贺冬”是江南地区冬至的传统社交活动之一。清徐士宏《吴中竹枝词》云：“相传冬至大如年，贺节纷纷衣帽鲜。毕尽勾吴风俗美，家家幼小拜尊前。”这首竹枝词生动地描绘了江南地区冬至节的重要地位以及人们庆祝节日时的热闹场景。大家纷纷穿戴上崭新的衣帽，家家户户的晚辈都向长辈行礼，展现出浓厚的传统节日氛围和对长辈的敬重。在冬至这天，人们会互相拜访，送上祝福和礼物，会聚在一起聊天、喝茶、品尝美食，分享生活中的点滴，增进彼此的了解和信任。贺冬习俗体现了江南地区人们对人际关系的重视和对美好生活的向往。通过贺冬，人们可以传递温暖和关爱，营造和谐的社会氛围。同时，贺冬也是对传统文化的传承和弘扬，让人们在忙碌的现代生活中，不忘传统节日的意义和价值。民国佚名作者《冬至》竹枝词：“江南冬至夜偏长，独对寒灯思未央。风卷暮云遮月影，梅花初绽暗飘香。”此诗描写了江南冬至时夜晚漫长的特点，诗人在寒夜中独自对着灯光，思绪万千。同时，又描写了冬日的风云和初绽梅花散发的暗香，营造出一种清冷而又充满诗意的氛围。

▲ 清末江南农闲时，一群农民和小孩在田野里开怀大笑，不知遇到了什么开心乐事

农闲时节亦无闲

——农闲时光

农业生产终究是靠天吃饭，随着自然的节律，就会形成农忙与农闲的节奏，这种状况是由自然因素和农作物生长周期共同决定的，节奏对农民的经济、生活和农业发展产生了多方面的影响。

农闲只是又一次农忙的前奏，时人佚名《农闲备耕有感》：“农闲时节亦无闲，修补犁耙备种田。冬日暖阳融冻土，春来好景在丰田。”描绘了江南农民在农闲时积极准备农耕工具的场景，体现出他们对来年耕种的期待和认真准备的态度。

在农闲时节，乡人老农仔细检查和修缮各种农具。对于损坏的犁、耙、锄头、镰刀等农具，他们会进行修补、打磨或更换部件，对于破损的犁，会更换损坏的部件，确保其在耕地时能够正常使用。有的农家还会制作一些新的农具，以满足来年农业生产的需求，自己动手制作或请村里的工匠制作农具。在制作过程中，农民会注重农具的质量和实用性，确保其能够经久耐用。农闲也是修缮房屋的好时机。农民会检查房屋的屋顶、墙壁、门窗等部位，对于破损的地方进行修

▲ 1910 年在江南一条街边的棋牌游戏引得许多人围观

补。例如，对于漏水的屋顶，会更换瓦片或进行修补；对于裂缝的墙壁，会用泥土或石灰进行填补。农民还会对房屋进行清洁和整理，为家人创造一个舒适的居住环境。还有一些农民会在农闲时对房屋进行扩建或改造，他们会根据家庭的需要和经济状况，增加房间数量、改善居住条件。在扩建或改造房屋时，农民会充分考虑房屋的结构和安全性，确保房屋能够坚固耐用。

民国时期，农民收入的根本问题并非单纯由农忙与农闲的节奏决定，导致农民的收入不稳定。本质上是制度性贫困的体现，但农闲时期，收入来源减少。收入的不稳定性也使得农民在经济上面临较大的压力，所以，农闲时光，对于江南农民家庭来说，是搞副业增加收入的好时机。人们可以充分利用这段时间，发挥自身的优势，利用自然资源和传统技艺，制作器具或提供劳务满足他人需求，增加家庭收入。一方面农闲时有相对充裕的时间，许多农家妇女从繁忙的田间劳作中解脱出来，拥有了相对较多的可支配时间，可以探索和开展副业活动。冬季可能会有几个月的时间相对清闲，这段时间可以用来进行手工编织、养殖家畜家禽、制作传统手工艺品等副业活动。好在江南地区资源丰富，许多农民在农闲时节，会利用竹子、稻草、麦秸等材料进行编织。编织不仅是一种实用的技能，还可以为家庭增加一些收入。很多农家女子擅长编织如竹篮、草席、草帽等各种物品，拿到集市上出售，换取

▲ 1927 年，两个年轻女子趁着农闲坐在栈桥旁

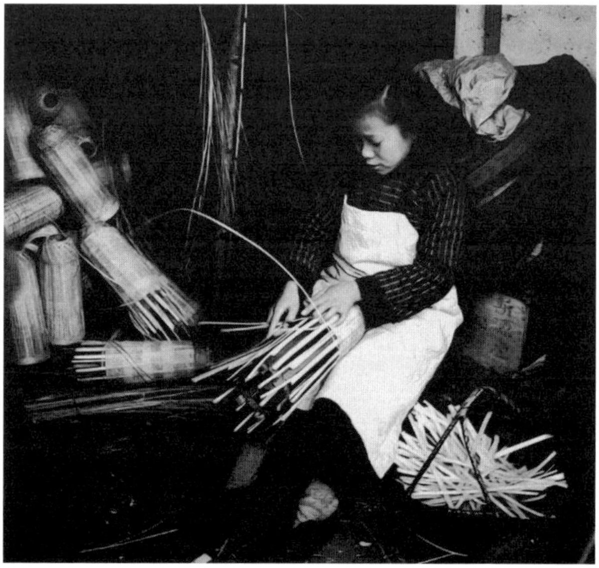

▲ 1945 年 10 月，一个年轻女子正在编织热水瓶竹壳

▲ 1947 年，一位老人在集市上逛街买农具，正在和商家讲价

一些生活必需品或现金。山林资源也可以被利用，有的人可以在农闲时上山采集野生草药、蘑菇等，采摘来的物品也可以拿到市场上出售，以增加家庭收入。这样看来，农业生产过程中产生的一些资源，也可以在农闲时进行再利用，发展副业，农家的庭院和周边空地也可以被充分利用起来。农民可以种植一些蔬菜、瓜果等，既可以满足自家食用需求，多余的还可以拿到市场上售卖。

民国时期江南城镇的市场，也会随着不同季节和节日出现变化。农闲时期往往有一些重要的节日，如春节、中秋节等，这些节日期间对各种商品的需求会大幅增加。农民可以抓住这些时机，生产和销售一些特色的农副产品或手工艺品。春节前，江南地区的人们有购买年货的要求，对农副产品需求旺盛。随着城市化进程的发展，江南地区交通便利，水路、陆路交通发达，为农民将产品运往城市提供了条件。城市居民对新鲜的农产品、特色手工艺品等有较高的需求。农民可以利用农闲时间生产一些绿色农产品，或者制作具有江南特色的手工艺品，满足城市市场的需求，获得更高的收入。

江南地区有着悠久的手工艺传统，许多农民家庭都掌握着一些传统的手工艺技能，如苏州的刺绣、宜兴的紫砂陶艺等，都是江南地区著名的传统手工艺。农民家庭中一些聪明能干的妇女会在农闲时从事刺绣，制作出精美的绣品，也可以为家庭带来可观的收入。农闲时期也是农民学习新技能的好时机。一些有进取心的农民可能会利用这段时间学习新的副业技能，如养殖新技术、手工艺制作方法等。

▲ 晚清，手持工具的木匠，一个正在修理农具的“打工者”

田舍春犁破晓耕
——农具修缮

近代民国文人对江南农夫使用农具有许多竹枝词，如描绘使用犁的场景：“田舍春犁破晓耕，土膏新雨足时晴。一犁翻起千层浪，布谷声中望岁成。”这首竹枝词生动地描写了江南春天，农夫赶在破晓时分用犁耕地的情景。新雨过后，土壤湿润肥沃，犁翻开土地，仿佛翻起千层波浪，在布谷鸟的叫声中，农夫们期盼着丰收的一年。这首竹枝词体现出犁地这一农业活动在江南农业生产中的重要性，以及农夫们对土地的情感和对丰收的期望；再如佚名作者竹枝词《耙田》里关于耙的使用："耙田春日事农桑，齿密泥匀土亦香。细作深耕勤整理，秋来稻穗满粮仓。"说的是江南农夫使用耙整理农田的场景。耙的齿紧密，将农田里的泥土耙得均匀细腻，散发着泥土的香气，强调了农夫们细致深耕、精心整理农田的劳作，为秋天稻谷丰收打下基础，展现出江南农业生产的精细与勤劳。描写水车灌溉的竹枝词就更多了："水车咿呀转不休，清泉汩汩灌田畴。农夫日夜勤看守，只盼禾苗绿满丘。"江南地区水网密布，水车是重要的灌溉工具。水车不停转动，发出咿呀的声音，清澈的河水不断地流入田间。农夫日夜辛勤地操作着水车，只为了看到禾苗茁壮成长，翠绿铺满田畴。既写出了水车在灌溉中的重要作用，也体现了农夫辛勤付出和对庄稼生长的关切。还有收割庄稼的镰刀："稻熟金黄九月天，镰刀挥舞笑声传。家家仓廪新粮满，一片丰年乐景绵。"在九月稻谷成熟的季节，江南的田野一片金黄。农夫们挥舞着镰刀收割稻谷，欢声笑语在田间回荡。家家户户都装满了新收的粮食，呈现出一片丰收的欢乐景象，生动地展现了江南农夫使用镰刀收割稻谷的场景以及丰收后的喜悦。

耒耜的发明开创了中国农耕文化，有明确文献记载的播种用农具

▲ 民国初年，一位农村篾匠正抓紧时间用竹子和藤条编筐

▲ 民国时期，农人利用农闲时间进行手工编织，以增加收入

则有西汉的耧犁，耧犁由牲畜牵引，后面有人扶着，耕田整地。从耒耜到畜力犁，开启了稻作农业的发展过程，经过先秦，到汉代的畜力犁已经是最重要的耕作农具。魏晋时期，江南一带已经形成犁、耙、耖的水田耕作体系，这套耕作体系在宋代已臻于成熟，北宋时期还出现了秧马——一种拔稻秧时供人坐着的专用工具。秧马是一种用于拔秧作业的农具。其外形酷似小凳子，顶部有弧度设计，能让使用者稳稳地坐在上面，底部有类似船只底部的弯曲弧度，方便在水田中滑行。它的出现减轻了农民在水稻种植过程中弯腰劳作的负担，提高了劳动效率。还有一种“梿枷”，是一种手工脱粒的器具。它由一个长木柄和一组平排的竹条或木条构成，工作时上下挥动竹柄，使敲杆绕轴转动，可用来打谷脱粒。这种农具在江南地区较为盛行，尤其是在收获稻谷时被广泛使用。

▲ 20 世纪 40 年代，铺子里等待出售的草鞋

▲ 1945 年 10 月，杭州一位小哥正在编竹筐

水车，自不必说了，江南地区水资源丰富，水车有多种类型，如龙骨水车、筒车等。龙骨水车通过人力或畜力驱动，将低处的水提升到高处，灌溉农田；筒车则利用水流的动力，带动筒车旋转，从而将水从低处汲到高处。水车的使用，大大提高了江南地区农田的灌溉效率，保障了农作物的生长。其他如铁锨、扁担、簸箕等，都是农民们日常生活和农业生产中不可或缺的工具。

农闲时，一般的农具大抵由农民自己修理，邻里之间相互帮助也是一种常见的现象。这种互助式的修理方式不仅能够节省修理费用，还能够加强邻里之间的联系和团结。对于铁制农具，如犁、耙、锄头、镰刀等，当这些农具出现严重的损坏或磨损时，农民会将其送到乡村的铁匠铺进行修理。铁匠会根据农具的损坏情况，采取加热、锻造、淬火等工艺，对农具进行修复或重新打造。对于木质农具的严重损坏或复杂的修复工作，农民会请木匠来帮忙。农村木匠会运用他们的专业技能，对农具进行拆卸、更换部件、重新组装等操作，进行优化和加固，以提高其使用的稳定性和安全性。

农闲季节，农民有相对较多的时间来对农具进行全面的检查和修理。他们会将一年中使用过的农具集中起来，逐一进行检查，发现问题及时进行修理。这种集中修理的方式可以确保农具在来年的农业生产中正常使用，提高劳动的效率。

乡农卖丝争赴市

——副业增收

宋代诗人陆游《示客》诗：“桑柘成阴百草香，缫车声里午风凉。客来莫说人间事，且共山林夏日长。”这首诗以养蚕农户的夏日生活为画，勾画出一幅清雅、闲适的乡村生活图，缫车之声在午风中轻轻摇曳，宛如天籁之音。这首诗于优美的景物描写中透出夏日的幽静，展现出江南乡村的美好生活。怪不得清代文学家翁方纲评价陆游“笔墨之清旷，与心地之淡远，夷然相得于无言之表”。诗中的场景描写还点出了江南农民副业增收的传统。人们都知道大田干活向来是农民的主业，但江南农民还有许多副业，诸如养蚕缫丝、家庭纺织、手工业制作、渔业捕捞与养殖、家禽家畜养殖以及贩运货物、劳务输出、当佣工、做匠人等，广义上看，这些行当可称之为乡村副业。

近代文人温丰《南浔丝市行》绘声绘色地描绘了19世纪中期湖州南浔生丝买卖情景：“蚕事乍毕丝事起，乡农卖丝争赴市。市中人塞不得行，千声万语聋人耳。”生动地描绘了江南地区养蚕的农民，将蚕茧缫成丝拿到市场上去卖的热闹场景，体现了养蚕缫丝这一副业，在农民生活中的位置及其带来的增收效应。

▲ 1908 年，南京鼓楼附近的农田里，一个在自家菜园里忙碌的农人

▲ 20 世纪 20 年代，一个戴着礼帽的洋人正在查看豌豆的成色，进行农产品交易

以养蚕缫丝而言，江南地区气候温暖湿润，桑叶资源丰富，为养蚕提供了良好条件。农民会搭建蚕室，精心饲养蚕宝宝，从蚕种孵化开始，喂食桑叶、调节温度和湿度，确保蚕的健康生长。在环太湖流域，苏州、湖州等地，许多农户都有丰富的养蚕经验，每年会进行多批次的养蚕。蚕茧成熟后，农民们将蚕茧进行缫丝。早期主要是通过手工缫丝，使用简单的缫丝工具，如缫车等，将蚕茧中的丝抽出来并缠绕成线。缫丝完成后，还会对丝线进行整理、晾晒等处理，提高丝线的质量。之后，一部分优质的丝线会出售给丝绸商人或工厂，一部分农户也会自己进行简单的丝绸织造，生产出丝绸面料。

利用农闲时间进行手工织布。家庭中妇女们通常是织布的主要劳动力，她们使用传统的织布机，将棉花或麻等纺成的纱线织成布。这种手工织成的布虽然生产效率比较低，但质地紧密、耐用，在当地市场有一定的需求。例如，江苏南通的土布在当时就颇受欢迎，农民们通过织布获得了额外的收入。在一些纺织业发达的地区，农民还会进行刺绣、印染等工艺加工。刺绣是一种精细的手工技艺，妇女们在布料上绣出各种精美的图案，如花卉、动物、人物等，增加了布料的艺术价值和附加值。印染则是通过将布料浸泡在染料中，使其染上各种颜色和图案。这些经过刺绣或印染的布料可以制成衣服、手帕、窗帘等，销售给当地的居民或商人。

清光绪年间南汇县（今属上海市浦东新区）有个文人叫丁宜福，他在《申江棹歌》竹枝词里吟道："听莺桥畔有荒祠，报祭黄婆莫太迟。白屋朱门无懒妇，木绵纱细似蚕丝。""白屋朱门无懒妇"一句，点出了江南妇女的勤劳与勤勉。"白屋"是平房，"朱门"是豪宅，分别代指穷人与富人，而在江南，无论穷富，都很少懒婆娘，联想到江南一直流传的一句"朱门有败子，白屋出公卿"的老话，这句俗语意思是，富贵人家可能出现不成器、败坏家业的子弟，而贫寒家庭却能培养出高官显贵，关键在于个人的努力，也揭示出环境对人的影响具有两面性，蕴含着丰富的社会和人生哲理。

▲ 20 世纪二三十年代，上海周边农民农闲时制作干草

▲ 20 世纪二三十年代，上海农妇用小船将稻草运到市场销售

民国时期的江南农民，背负着沉重的生活压力，仅以江南农妇为例，她们在生活里要担当三重角色：一是耕妇。白天要与男人们下田耕地，田间妇女还需要帮助男子从事一些农耕、灌溉等重体力活，至于海边渔妇们则担负着辅助网鱼、操舵、织网等职责。二是织妇。"昼出耘田夜绩

麻，村庄儿女各当家”，白天下田干活，晚上就搓麻线，再织成布。三是蚕妇。采桑养蚕，也是个特色活儿，除棉纺织业外，蚕桑业也是江南地区的特色产业之一，同样构成妇女日常劳作的重要环节。清代浙江嘉善人陈祁作《清风泾竹枝词续唱》：“垂杨村北又村南，小女闺中惯养蚕。陌上捉笼勤采叶，渔场宵梦不曾谙。”可见，养蚕的活儿，不独乡村农妇，就是还没有出阁的黄花大闺女，也要助力家庭从事这样的劳作了。吴天仁《田家竹枝词》吟道：“蔷薇花发育蚕忙，姊妹携筐共采桑。浴罢冰蚕娇乏力，淫淫粉汗自生香。”“夜半枕边唤夫婿，莫念酣睡已三更。”三更便要起身，给蚕填桑喂食，不经过这种养蚕劳作的人，实际上是很难体会其中的辛劳的。

▲ 20 世纪 40 年代，一位白胡子老者用竹竿挑着自制的绢花，向路人们展示并售卖

第三章

传统节日与江南农家生活

清末民国时期的江南农家生活与传统节日密切相关，呈现出独特的地域特色和时代特点。

春节是全民的大节，从腊月二十四送灶开始，便进入忙年的准备阶段，人们会进行扫尘，清扫房屋和庭院，准备迎接新年。除夕那天，一家人会聚在一起吃年夜饭，热热闹闹地守岁。大年初一，人们会穿上新衣走亲访友，互相拜年，小孩子能收到长辈给的压岁钱，这给农家的孩子们带来了欢乐和惊喜。此外，一些村庄还会组织舞龙舞狮等表演活动，龙和狮在锣鼓声中舞动，为节日增添了喜庆的氛围，也让人们感受到了浓浓的年味。

元宵节时，江南各地会张灯结彩。农家也会在自家门口挂上灯笼，夜晚来临，灯光闪烁，营造出温馨的节日氛围。一些富裕些的农家还会制作精美的花灯，欢声笑语回荡在村庄里。吃元宵象征着家庭团圆、幸福美满，一家人围坐在一起品尝元宵，享受着天伦之乐。

清明节是江南农家非常重视的祭祀节日。农家会全家出动，前往祖坟扫墓。他们会清除坟上的杂草，为祖坟添土、立碑，献上鲜花、水果、糕点等祭品，表达对祖先的思念和敬意。祭祀祖先的活动让农家们铭记家族的传承和血脉的延续。

端午节，江南农家会在门口挂上菖蒲、艾草，菖蒲形似剑，艾草有特殊的香气，人们相信它们可以驱邪避灾。在一些靠近江河的江南水乡，会举办赛龙舟比赛。赛龙舟不仅是一项体育竞技活动，更是一种团结协作、勇往直前的精神象征，让整个村庄都充满了活力。

中秋节当晚，明月高悬，江南农家会在院子里摆上桌子，放上月饼、水果、瓜子等食物，一家人围坐在一起赏月，一边欣赏着美丽的月色，享受着团圆的时刻。孩子们会在村里玩耍，玩着与月亮相关的游戏，如“走月亮”，即在月光下散步、嬉戏，充满了童趣。

九月初九重阳节，江南地区有一些小山丘或高地，重阳节时，农家的人们会相约去登高。站在高处，俯瞰着金色的稻田和远处的村庄，感受着秋天的丰收和宁静。重阳节也是敬老的节日，农家的晚辈会向长辈表达敬意和祝福，为他们送上自己制作的糕点、手工艺品等礼物，体现了中华民族尊老敬老的传统美德。

▲ 20 世纪 30 年代，春节期间南京街头贩卖鞭炮的小贩

万物迎春送残腊

——拜年贺岁

南宋诗人戴复古《除夜》诗云：“万物迎春送残腊，一年结局在今宵”，这位老先生除夕夜作诗，世间万物都在告别残冬，迎接新春的到来。“残腊”代表着一年岁月，也意味着人世间的烦恼与忧愁，“残腊”来临，代表与过去一年告别，也寄托着人们对新春的美好向往。

汉字的“除”字，意义是很丰富的，除夕之“除”，本义是台阶，说人拾级而上，离旧登新，又引申出“去旧更新”的意思，还有“去除”、“变易”、革故鼎新、辞旧迎新等。所以大年夜的晚上，人们需要除夕、除夜。中国人所有的春节活动，大抵是围绕着除旧迎新来展开的。

对于中国人来说，最美的年景，大概是粮仓满满，壁炉暖暖，炊烟袅袅，鞭炮声声，积雪莹莹，人们也笑声盈盈。袁学澜《姑苏竹枝

▲ 1912 年中华民国宣布改历法为阳历，阳历的 1 月 1 日成为“新年”

词》：“红帖朝来满路飞，千门爆竹报春归。长生殿外人如海，簇拥华妆看打围。”新年爆竹响个不停，提醒人们春天来了。寺庙外人山人海，人们争相去求拜，希望新的一年平安顺遂。

旧时的年味甚浓，浓就浓在人际亲情的其乐融融，构成拜年贺岁年俗的重要内容之一，它具有丰富的形式和独特的讲究。首先是拜年的时间与顺序，正月初一主要是家人之间以及本家族内的拜年。这一天人们起得很早，完成一系列迎新仪式后便开始拜年。到了正月初二，开始走亲访友，向亲戚好友拜年。一般来说，初五之前是拜年的高峰期，不过对于一些关系稍远的亲友，也可以延续到元宵节之后，称作“拜个晚年”。至于拜年顺序，在家庭内部，正月初一首先拜天地神祇，祈求新的一年风调雨顺、平安顺遂；接着拜祖先牌位，表达对祖先的敬重与感恩之情，铭记家族的传承；然后拜高堂长辈，晚辈要向长辈行大礼，长辈则会给晚辈压岁钱，寓意着对晚辈的祝福和关爱；最后合家卑幼依次相拜，兄弟姐妹、子侄辈等互相拜年，增进家人之间的感情。在亲戚间，先拜本家，尤其重视五服之内的近亲，之后再拜母舅、姑丈、岳父等至亲好友。

▲ 1940 年春节，上海城隍庙内烧香祈福情景

说起拜年方式，当然首选是登门拜访，这是最传统、最主要的拜年方式。人们穿着崭新的衣服，带着精心准备的礼物，前往亲友家中拜年。见面时，熟人新年见面，必以“新年好”“恭喜发财”“大吉大利”之类的吉语为祝。主人家则会热情地招待客人，敬以“元宝茶”（在茶碗边放两枚青橄榄）及糖果、汤圆之类，并请吃“年酒”。清道光年间顾禄在《清嘉录》中记载的竹枝词写道：“不计酒食与野鲜，每逢岁暮送年盘。馈赠虽少风淳厚，友邻情谊溢山川。”反映了

岁末年初人们拜年时互赠礼物、送年盘的习俗，也体现了人们在拜年贺岁之际互相联络感情、表达祝福的情景。

在清末民初还流行过投帖拜年，就是所谓“飞帖”拜年，一些人会将写有自己名字的梅红色或大红色名刺投入亲友家的门隙，以此表示自己来拜过年了。这种方式比较简便，适用于无法亲自登门或者需要向众多不太熟悉的人拜年的情况。不过到20世纪30年代，“飞帖”拜年的习俗已逐渐消失了。

▲ 1946 年上海春节，一户人家门前，男女老少共同享受着春节的喜悦

▲ 1946 年，上海一户人家春节烧香祭祖

人际交往拜年贺岁也有很多讲究与说道，拜年贺岁有很多讲究，一是语言讲究，多说好话与吉语是拜年贺岁的基本要求。人们见面通常会说“新年好”“恭喜发财”“大吉大利”“身体健康”“万事如意”“阖家幸福”等话语，表达对他人新一年的美好祝愿。避免说不吉利的话，像“病”“死”“穷”“破”等字眼是绝对不能提及的，以免触霉头。二是行为讲究，拜年时要注意仪表端庄，穿着整洁、得体，以表示对他人的尊重。清末过春节时，官僚、士绅、商贾贺年之时，全部戴顶穿靴，故每当新年来临，道路上全是翎顶辉煌之人。民国建立后，革除清朝服制，风气为之一变。新年相互拜贺的人大都身着便服。有许多人则喜欢穿西装拜贺农历新年。

登门拜年通常要携带礼物，礼物的选择也有讲究，一般会选择寓意吉祥的物品，如糕点（寓意步步高升）、水果（象征平安、甜蜜等）、酒等。晚辈向长辈拜年要行大礼，如磕头、鞠躬等，以表达对长辈的敬重。长辈则会给晚辈压岁钱，寓意祝福晚辈在新的一年里健康成长。

元宵踏月闹春街

——元宵花灯

农历正月十五，是我国传统节日中最富有诗意、也最激动人心的元宵节。从正月初一春节开始的喜庆气氛，到这天进入最高潮。城乡各地悬灯结彩，做汤圆，燃放烟花、鞭炮，到处洋溢着民俗文化的浓烈气氛。这天晚上，皓月高悬，人们团聚一堂，吃完热腾腾的、香甜可口的元宵，走出户外，闹花灯、放焰火、猜灯谜、社火、迎月、踏桥……将新春佳节推向最后的高潮。

江南元宵节的闹花灯，呈现出一片热闹非凡的盛况，一是花灯种

▲ 晚清时期江南元宵节的灯笼市场

类繁多、造型精美，上海、苏州本地艺人制作的花灯技艺高超，有从宋代就流传下来的百花灯、宝塔灯、如意灯、走马灯、玉簪灯和绣球灯等。还有仿制实物的鸡灯、扇灯、罄灯、茶瓮灯、酒壶灯、润饼灯等，形态逼真，让人一眼就能认出所模仿的物品，给人以亲切感和趣味性。以神话传说、历史故事、吉祥图案等为主题的花灯更是数不胜数，如嫦娥奔月灯、鲤鱼吐珠灯、仙女荷花灯、龙凤呈祥灯、双龙戏珠灯、年年有余灯等。这些花灯寓意着人们对美好生活的向往和祝福，成为元宵节期间最受欢迎的观赏对象。

元宵灯会规模宏大、地点广泛，如南京、苏州、无锡、常州

▲ 清末民初元宵节中，商家在马路边设摊“边摇边卖”卖元宵

▲ 1917 年南京金陵女子大学，元宵节时手持兔子灯的女学生鱼贯而入

等，在元宵节期间，主要街道都被花灯装饰得灯火通明。南京的秦淮河两岸、苏州的阊门以内大街通路等，都是灯彩遍张，几乎看不到天空。夜晚来临，华灯初上，整个城市仿佛变成了一个灯的世界。江南的许多禅寺，寺庙和广场也是举办元宵灯会的重要场所。寺庙都会挂满各种花灯，并且搭建大型灯景，吸引着大量的民众前来观赏。闹花灯更是江南地区全民参与的活动，男女老少都会走出家门，涌上街头观灯。街道上人头攒动，摩肩接踵，热闹程度堪比现代的大型集会。尤其是一些繁华的商业街区和著名的灯会举办地，更是人山人海，人们常常被人流推着前进。

与元宵灯会相配套的活动、文艺表演等，也使人们在赏灯的同时，还能参与或观赏各种文艺表演活动，如耍龙灯、舞狮子、划旱船、踩高跷等。这些表演队伍穿梭在灯海之中，为节日增添了欢乐的气氛。猜灯谜也是元宵节闹花灯的重要组成部分。在灯会上，会有很多贴有谜语的花灯，人们可以一边赏灯，一边猜谜，猜中者还能获得墨块纸张、毛笔砚台、巾扇香囊、果品食物等赠品，增加了活动的趣味性和互动性。

晚清王韬《瀛壖杂志》记载，豫园元宵灯会更是精彩纷呈："上元之夕，罗绮成群，管弦如沸，火树银花，异常璀璨，园中茗寮重敞，游人毕集……远近亭台，灯火多于繁星，爆竹之声累累如贯珠不绝，借以争奇角胜。"这一夜，沪城内外大街上深巷里，灿灿华灯，如流星闪闪，几分神秘，恍如梦境。有首竹枝词云："错认瑶池却未真，满园花柳及时新。试灯风里游人集，半是嬉春半探春。"清末民初文人朱文柄《海上竹枝词》中对灯会人山人海的场面也有描述："上月灯节月华新，走罢三桥接灶神。十里珠帘都不卷，看灯人看看灯人。"深夜，豫园九曲桥等处还要燃放大花筒、九龙、花蝴蝶等烟火……

▲ 20 世纪 40 年代的上海元宵节即景：如此巨大的兔子灯，引得行人驻足观望

▲ 20 世纪 40 年代，元宵花灯市场的热闹繁忙景象

晚清文人陈伯熙在《上海轶事大观》中写道："元宵悬挂灯彩，妇孺辈牵率夜游，有'走三桥'之语。"昔人有诗云："元宵踏月闹春街，同走三桥笑堕钗。一路看灯归去晚，却嫌露湿牡丹鞋。"城隍庙豫园一带，嬉春仕女，鞭丝帽影，鬓影衣香，踵趾相错，肩背交摩……

"走三桥"是江南地区沿袭下来的古老习俗，又叫"走桥""走百病"，多以妇女为主，是老百姓一种避灾祈子求福的祈禳活动。清顾禄在《清嘉录》记载："元夕，妇女相率宵行，以祛疾病，必历三桥而止，谓之'走三桥'。"古代未婚女子大多养在深闺，只有正月十五元宵夜能出门赏灯，与心上人相会，因此这一天往往造就不少金玉良缘。古诗有《走三桥》："细娘分付后庭鸡，不到天明莫浪啼。走遍三桥灯已落，却嫌罗袜污春泥。"元宵节之夜，老上海城镇的孩子们欢乐地拖着自制的兔子灯欢度元宵。一般人家，过了正月初五，家里的长辈或者父母就要筹划给孩子们做兔子灯了，有三角灯，四角灯，六角灯，八角灯。兔毛都是用草纸糊上去的，里面插根蜡烛，虽然简陋，但孩子们拉着灯满地跑，每个人都觉得自己很拉风。让人魂牵梦绕散发甜美而浓烈气息的元宵节，满满溢出那种平凡人家的幸福。

尚劳点缀贺花神

——花朝节俗

清明节前后，江南各地多雨，春雨绵绵，江南的景致也在雨中显得秀丽含蓄。清明节的重要功能，除了扫墓祭祀，就是踏青赏花，应时赏花，这是江南民众春天里的一项重要民俗。据史料记载，这一习俗远在宋朝时就已经十分流行了。南宋吴自牧《梦粱录》卷一记载："仲春十五日为花朝节，浙间风俗，以为春序正中，百花争放之时，

▲ 民国初年传统花朝节里，打扮别致的少女们表演挑花篮舞

▲ 1908 年 5 月 8 日花神诞，一名穿着中式服装的男子，站在上海郊外的灌木与花丛中祭祀花神

最堪游赏。”农历二月二十二的花朝节，更将买花赏玩的活动推向高潮。

在花朝节期间，江南各地尤其是城镇和乡村，处处张灯结彩。人们会用各种花卉装饰房屋、店铺和街道，形成一片花的海洋。五颜六色的花朵与彩带、灯笼交相辉映，营造出浪漫而喜庆的节日氛围。花朝节最重要的活动之一是祭祀花神。江南各地会建有花神庙，在节日当天，民众纷纷前往花神庙烧香祭拜，祈求花神保佑花木茂盛、五谷丰登、家庭幸福。祭祀仪式庄重而热闹，通常由地方乡绅或德高望重的长者主持，人们身着盛装，献上鲜花、水果、糕点等祭品，表达对花神的崇敬之情。

江南地区拥有众多美丽的园林，如苏州的拙政园、留园，扬州的个园、何园等。在花朝节期间，这些园林成为人们赏花的绝佳去处。园林中各种花卉竞相开放，桃花、杏花、梨花、樱花、牡丹、芍药等争奇斗艳。人们漫步在园林中，欣赏着美丽的花朵，感受着春天的气息。一些文人雅士还会在园林中举办赏花诗会，吟诗作画，以花会友，增添了赏花活动的文化内涵。

除了园林赏花，人们还会结伴到郊外踏青，欣赏大自然中的美景。江南的乡村田野在花朝节期间也是一片花海，油菜花、紫云英、二月兰等成片绽放，吸引着众多游客前来观赏。人们在郊外放风筝、野餐、嬉戏，享受着春天的阳光和美景。花朝节期间，江南各地会举办扑蝶会。花朝节是庆祝百花生日的节日，而蝴蝶作为花间的精灵，与花卉相得益彰。在花朝节期间举办扑蝶会，既丰富了节日的活动内容，又增添了节日的浪漫氛围。人们在欣赏花卉的同时，还可以追逐蝴蝶，享受春天带来的欢乐和美好。

花朝节期间，江南各地的花卉市场异常繁荣。花农们会将自己种植的各种花卉带到市场上出售，品种繁多，价格实惠。人们纷纷前来

▲ 1936 年春，游览苏州香雪海的 7 位旗袍女子在梅花厅观梅留影

购买花卉，装点自己的家园。花卉市场不仅是花卉交易的场所，也是人们交流花卉种植经验和欣赏花卉美景的地方。除了花卉，花朝节期间还会有各种与花卉相关的特色商品出售，如花露水、香囊、花粉等。这些商品具有浓郁的江南特色，深受游客喜爱。同时，一些手工艺品如花卉刺绣、花卉剪纸等也会在市场上亮相，展示了江南地区的传统工艺和文化魅力。花朝节还有制作花糕的习俗。花糕以鲜花为原料，如玫瑰花、桂花、菊花等，制作成各种形状和口味的糕点。花糕不仅美味可口，还具有美容养颜、清热解毒等功效，深受人们喜爱。

女子簪花成为花朝节一道亮丽的风景线。在花朝节这一天，江南地区的女子会精心打扮，头上簪花，以展示自己的美丽和优雅。簪花的种类繁多，有桃花、杏花、樱花等，不同的花卉代表着不同的寓意。饶有趣味的是，在清代上海，每逢花朝节，人们从花市上买回来的花卉草木，都以彩绸或红纸包裹枝干，叫作"赏红"。《沪城岁事衢歌》："春到花朝染碧丛，枝梢剪彩袅东风。蒸霞五色飞晴坞，画阁开樽助赏红。"描绘了合邑赏红的盛况。当晚，还有一项沪上特有的风俗，叫"张挂花神灯"。花神灯又名凉伞灯，灯作伞形六角，用上海特产"谈笺（纸名）"做成，上面画着各种人物花卉、珍禽异兽图案，缨络须带，无不精妙。"日夜笙箫步绿塍，珠帘垂处小楼凭。吴绫输与谈笺纸，妙擅江乡算伞灯"。那一番光耀如昼，绵延数里的景象，令人神往。

▲ 20 世纪 40 年代，花朝节期间在花丛里拍照留念的女孩

▲ 1945 年，杭州的一位农家姑娘在鲜花边上留影

清蔡云《吴歈》诗云："百花生日是良辰，未到花朝一半春。万紫千红披锦绣，尚劳点缀贺花神。"生动地描述了花朝节作为百花生日这一良辰吉日的重要性，强调花朝节是春天的重要节点，"尚劳点缀贺花神"则体现了人们通过各种方式庆祝花朝节、向花神贺寿的场景，反映出当时江南民间花朝节的喜庆与热闹。

▲ 1917—1919 年，杭州民众清明节在岳飞墓前凭吊祭扫

梨花风起正清明

——清明扫墓

经历了一个难熬的寒冬，江南又迎来了草木茂盛、生机盎然的春天景象。阴雨霏霏之际，迎来了清明节。兄弟姐妹相约，上坟祭扫，寄托哀思正当时。当然，上坟与踏青，是清明节的主题。“祀先插柳迎春光”，南宋诗人吴惟信作《苏堤清明即事》：“梨花风起正清明，游子寻春半出城。日暮笙歌收拾去，万株杨柳属流莺。”这首诗生动地描绘了清明时节西湖美丽的景色和游人上坟踏青的热闹场面，

以及游人散后幽美的景色。诗人通过侧面描写，展现了清明时节人们踏青游玩的乐趣。

清明节，在江南民众的情感深处，素白的梨花与清明最相宜。清明节俗，它的独特之处在于，它既是物候变化、时令顺序的一个节气，又是包含着人文风俗意义的节日。清明节按农历算，大致在农历三月，没有确切的日子，从上一年冬至开始往后数到第106天就是清明，按阳历算，具体日期倒是相对固定的，一般是在4月4日或4月5日。此时严寒已过，气候转暖，草木茂盛，桃红柳绿，一派生机勃发，春天来了，“清净明洁”，天气清澈明朗即为“清”，万物欣欣向荣故为“明”，故此又称清明。清明节风俗建立在古人对大自然四季变换深刻认识的基础上，有其一定的科学性。

▲ 20世纪30年代，清明节前后，上海市民去郊外扫墓“踏青”

▲ 20世纪40年代，江南一户人家上坟，对着坟墓跪拜祭祀的情景

1906年上海乐群书局初版的《国文新教科书》有清明节课文：“清明节，风和日暖，桃花红，杨柳绿，草色青青，一望无际。郊外游人，往来不绝。二三童子，亦携手通行，为踏青之举。”旁边还附有漂亮的彩图，四个孩子携手而行，并作交流状，春意跃然。在历史的长河里，寒食与清明逐渐融合，寒食遗意尽入清明，老上海本属江南吴地，江南民众在清明节吃青团子、焐熟藕、烧野火米饭及上坟扫墓等习俗，上海人与苏州人没有不同。清明节的特殊内涵在于，它既是一个追忆和祭奠先人的肃穆日子，也是人们踏青游玩、享受春天乐趣的节日。逝者与生者，哀伤与欢乐，一对人世间的悖论，在清明节得到了充分的协调和安排。

祀先，就是祭祀祖先，或者说祭祀先人，可以说，清明节是我国最重要的传统祭祀节日，慎终追远，千百年来蔚为传统，除了在家里拜祭祖先外，扫墓，更是清明一大内容。清顾禄《清嘉录》卷三“上坟”条云：“士庶并出祭祖先坟墓，谓之上坟……挑新土，烧楮钱，祭山神，奠坟邻，皆向来之旧俗也。”人们清除祖坟上的杂草，修整一下坟头，表示对祖先的敬重。旧时水乡民众上坟大多舟行，时人有竹枝词云：“柁尾飘飘挂纸钱，出城都是上坟船。荒原落叶何曾扫，胜地名花别有缘。”清明祭祖扫墓也是在历史中形成的习俗，这是“人鬼情未了”的一个节日。社会不断发展，江南水乡原本在清明节“舟行上坟”的习俗已经消失了，但上坟扫墓祭祀祖先仍是重要的清明过节内容。

上坟除了要备规定的祭供用品，过去上海人还有一个很有特点的“烧草甏”习俗。甏是一种小口大腹的缶，如盛老酒的甏叫“老酒甏”，旧时的“甏”具有“储蓄罐”功能。上坟“烧草甏”就是用草扎的甏，再将叠好的锡箔纸钱贮入其中，在坟地上一把火焚尽，算是给已故亲人汇去一大笔现款了。

孩子们对于童年时的清明节有点懵懵懂懂，随着大人去上坟踏青，小伙伴们大抵都是美少年，戴上一个个柳圈，鬓边插柳，青发红颜，明眸皓齿，楚楚动人，更是一道别致和美丽的风景。上海弄堂房子虽然不便插柳，但大人们也可以把折下的一二枝柳枝，插于门边，或系于门框，这既是一种表示春天可种柳绿化的暗喻，又有希望家

▲ 1943 年清明节，大户人家在家族祠堂举行清明祭祖典礼

庭、社会和合、诸事如意的美意，称“柳户清明”，旧志书上有“满街叫卖杨柳，人家买之插于门上”的记录，已经成为历史了，令人怀念。

旧时上海人家的女子不轻易出门，清明踏青为这些“士女”提供了野外活动的机会，女孩与男孩一样，清明节野外踏青，放风筝，就叫“放鹞子”，吴方言里“鹞”与“妖”近音，“断鹞”就是“去妖”，将鹞子放走，就是祈祷或象征祛除小孩或家人疾病晦气。除了折柳插柳，清明节也是三五好友聚在一起，进行拔河、蹴鞠、荡秋千等户外运动的好时机，既热闹又能强身健体。

▲ 民国时期将清明节定为民族扫墓节，国民党元老邵元冲等要人祭黄帝陵后合影

浦江午日闹龙舟

——端午龙舟

龙在中国文化中具有非常重要的象征意义，被视为吉祥、权威和力量的象征。在端午节期间，人们会举行各种与龙有关的活动，如赛龙舟、舞龙、挂龙灯等，以祈求平安、健康和好运。此外，端午节还有许多其他的传统习俗，如挂菖蒲、喝雄黄酒、佩香囊等，这些习俗也都与驱邪、防疫等有关。清末上海端午节与龙文化相关的风土纪事诗有不少联系，清代上海人秦荣光《上海县竹枝词·岁时》：“鼓

角声中焕彩游，浦江午日闹龙舟。红儿绿女沿滩看，看客多登丹凤楼。”清末上海金山人王霆《松江竹枝词》：“龙潭水戏竞龙舟，五色光华射碧流。黄歇庙前明月夜，火龙夭矫滚珠球。”清代上海闵行人李林松《申江竹枝词》：“豢得神龙数十双，由来竞渡说申江。绿头鸭子黄封酒，几许豪情未敢降。”清末上海文人李行南《申江竹枝词》：“汪家渡头龙舸划，凌家桥头人喧哗。无数湘帘看放鸭，酒船公子斗豪华。”上海先贤留下的端午节与龙舟竞渡竹枝词，是上海文脉的一部分。

全民族抗日战争爆发之前，黄浦江上就有端午赛龙船的组织。各个码头的执事在清明过后便开始忙碌准备，把龙凤船从仓库抬出洗刷干净，重新涂金抹漆，装扮一新。还会选定身强力壮、有划船经验的64名小伙子，分为两个船班以便替换，另有锣鼓乐队、彩旗执事等组成班子。桃花盛开时就在江面上排练。从农历五月初一开始，隔天一次，端阳节正日最为热闹。比赛中心在外滩一带江面上，江中心有船锚泊作为指挥中心。各渡船码头鼓乐齐鸣、彩旗招展，划船勇士们登舟试航后划向赛场。各色龙船和凤船绕着指挥船游弋，祭江仪式后

▲ 民国时期端午节，上海商会举办龙舟赛，彩旗招展，画船翻飞，吸引着无数中外游客沿岸观赏

开始竞渡，划船手们身着和龙船一色的武士服，应和着锣鼓点子和号子声整齐划桨。

▲ 20 世纪 30 年代，上海苏州河上赛龙船的情景

1919年苏州河上组织了特殊龙舟赛事，那时正值“巴黎和会”举行，西方人拒绝中国取消列强在华特权的要求，且决定由日本接收德国在山东的权利，北洋政府准备签字，引发五四运动。1919年6月1日端午节，上海人民组织在苏州河口的德国领事馆前举行端阳竞渡，以此纪念第一次世界大战的胜利，声援和支持五四运动。当时德国领事馆已关闭，接管单位放松警戒，众多老百姓进入德国领事馆，来到苏州河口的黄浦江边近距离观瞻端阳竞渡。

▲ 20 世纪 30 年代，嘉定端午赛龙舟的场景

当时的赛龙舟有在正午时进行“夺鸭标”的活动。指挥船上鸣锣放炮后，把鸭子抛向江心，游泳健儿们追逐鸭标，最先擒获鸭标的获胜者所在的龙船成为优胜船。之后，全体龙船凤舟列队进入苏州河，在苏州河两岸观众的欢呼声中，行经各座桥时会作表演、穿花绕行以示答谢，然后到大王庙附近水域再次表演竞渡和夺标活动。

1945年日本宣布无条件投降后，上海人民欢天喜地地庆祝抗日战争胜利，街头巷尾挤满了兴奋的人群。人们奔走相告，脸上洋溢着喜悦和激动的泪水。街道上彩旗飘扬，人们敲锣打鼓，燃放鞭炮，以各种方式表达着内心的喜悦和对胜利的祝贺。许多人自发组织庆祝活动，高唱爱国歌曲，高呼胜利口号。一些地方还举行了盛大的游行，各行各业的人们纷纷加入，共同庆祝这来之不易的胜利。

抗日战争胜利给上海带来了新的希望和生机，人们对未来充满了期待。1946年6月4日迎来了抗日战争胜利后的第一个端午节，上海进行了规模不小的端午竞渡活动以庆祝胜利。此后，几乎每年端午节都会举行龙舟赛。1948年的端午节，一年一度的龙舟赛在上海黄浦江上热闹上演。这是民国时期上海滩最后一次龙舟竞赛。上海的龙舟制作精致，黄浦江两岸挤满了观众。这些场景被美国《生活》杂志的摄影记者记录下来，为后人留下了珍贵的影像资料。

“浦江午日闹龙舟”，民国时期上海民众在黄浦江与苏州河上的端午闹龙舟活动，不仅是传统习俗的延续，也成为了上海独特的历史记忆。龙舟是一个含义丰富的象征，它承载着人们对自然力量的敬畏，对生命存续的祈愿，以及对江河滋养的感恩。同时也是集体精神

▲ 1933 年浙江温州举行梧田端午赛龙舟活动，热闹非凡

的凝聚，中华文明中“天人合一”“国家情怀”等价值观的活态载体，成为连接古今的文化符号。

▲ 1948 年端午节，龙舟比赛在黄浦江上热闹上演

▲ 清代陈枚《月曼清游图册》里的桐荫乞巧场景图

▲ 晚清著名画家吴友如《海上百艳图》之七夕乞巧《银汉秋横图》

只有生离无死别

——七夕乞巧

在江南各地，大约都有“香桥”的桥名或者地名，叫“香桥”的不计其数，其实，如果注意一下这些地名背后的故事，或许都与七夕节有关。因为江南一年一度的七夕节，大抵都要过香桥会。香桥由香客中手艺高明的人所搭，所用材料均由香客所献。桥身长4～5米，宽约0.5米，用裹头香搭成，各种颜色的毛线组成桥栏杆上的装饰。桥的正中，放上各家各户送来的檀香包堆砌成精巧的香亭。香桥会的主题，是对牛郎织女追求幸福与坚贞爱情的声援与支持。香桥会一般要持续一整天，夜晚点燃香烛焚化香亭香桥，火光映天，馨香弥漫，人们想象着牛郎织女已经走过自己献赠的香桥而相会了，于是怀着极大的满足，尽兴而归。

古代社会七夕节的主题当然是以“乞巧”为主，古人认为织女不仅是主司人间的巧神，而且是主管人间的植物、生产和收获之神。七夕时值孟秋时节，收获在望，为了祈求天遂人愿、大获丰收，早在周代之前，就有以新黄之穗荐田祖“尝新”之礼。后世许多地方每当七夕来临之际，将绿豆、豌豆、小麦等置于瓷器内，以水浸之，生芽数寸，并束以红蓝丝绸，用以祈福。在七夕这一天，人们还会用面粉制作各种小型物品，放到油锅里煎炸后称“巧果”。晚上还会在打扫干净的庭院里，摆上巧果、莲蓬、白藕、红菱等，家中亲友围坐在一起，乞巧赏玩。

▲ 清末民初江南一群缠足的少女在七夕节合影，她们的发型非常时髦

▲ 清末乞巧节，坐在镜子前拍照的年轻女子，在照相馆的巧妙安排下，能把人物 360 度的视角都展示出来

▲ 晚清上海七夕节，六位年龄相仿、着装打扮相似的女子一起合影

节日前夕，女子们事先约好主祭人家，大家分摊采购供品，斋戒沐浴。然后在主祭人家的庭院里摆好供桌和各式祭品，轮流在桌前对着天上的织女星焚香礼拜，默念自己的心事，祈求织女赐予自己灵巧的手艺和美好的姻缘。七夕这天也是道教中主文事的文魁星生日，想要博取功名的读书人会在这一天祭拜文魁星，祈求他保佑自己文运亨通、一举夺魁。七夕的节令食品当然以巧果为最。江南地区有以米面和白糖，绾作苎结之形，油汆令脆的巧果，俗呼为“苎结”“巧团”，还会陈列各种瓜果，一方面用于祭拜双星，另一方面也是七夕夜聊天、游戏时的食品。

七夕夜晚，女子的“穿针乞巧”“投针验巧”“喜蛛兆巧”，是古代社会难得的女子才艺展示，女子们在这一天通过各种方式祈求心灵手巧，反映出古代社会对女性技艺和美德的重视。同时，七夕节又与牛郎织女的传说紧密相连，牛郎织女一年一度在鹊桥相会，这个浪漫的传说赋予了七夕节关于男女爱情的深刻内涵。人们在这一天会憧憬、向往和思考美好爱情，感叹爱情的坚贞、不易以及对爱情的执着追求。所以说七夕节既有“乞巧”的传统内涵，也承载着人们对男女爱情的思考与感悟。

在江南的文化氛围中，这样的情感表达更增添了七夕节的文化内涵和艺术韵味。蔡云《吴歈》歌云："指甲猩红一点深，巧针丢罢又穿针。洗车洒泪匆匆雨，愁绝人间儿女心。"古代社会，女子乞巧是希望自己能够拥有出色的女红等技艺，在传统观念中，一个有才能、品德好且心灵手巧的女子更有可能赢得美好爱情。拥有出色的技艺可以为家庭生活增添色彩，同时也展现出女子的内在魅力，更能得到男子青睐，赢得美好姻缘。心灵手巧的女子往往更容易在生活中展现出自己的价值，获得他人的认可和尊重。

清代苏州人沈德潜为悼念亡妻，曾经写过《七夕辞》："璇宫莫怨渺难攀，地久天长往复还。只有生离无死别，果然天上胜人间。"诗中以牛郎织女虽一年一会但却能长久相伴，来对比人间的生离死别，表达了作者对亡妻的思念以及对爱情的深刻感悟，也体现出江南文人细腻的情感和独特的思考方式。

其实，乞巧种种，不过是一种隐喻，人间万千女子谁不希望自己成为心灵手巧的人，谁不希望自己能拥有巧心与智慧，谁不希望自己一生能拥有美好的爱情？！它是滚滚红尘中的一种念想，平凡世俗生活中的一脉相思。

饼儿圆与月儿如

——中秋赏月

在中华传统节日中，中秋节是最富于诗情画意的。夜幕降临，皓月当空，大地披纱，万物静谧。千家万户，男女老幼，移步桂庭，设坛祝祭，品饼赏月，饮酒赋诗。清末及至民国时期的江南中秋节，其风俗特点可以概括为"拜月祈福、阖家团圆、共赏明月"这12个字。拜月祈福，指节日的仪式庄重，场所也很讲究，拜月通常由女性来主导，按照一定的仪式规程进行。天上一轮满月，象征着阖家团圆，所以中秋节是家庭团聚的节日，人们无论平时身在何处，都会尽量赶回家中。中秋之夜，一家人坐在一起，一边聊天，一边赏月，感

▲ 民国时期中秋节祭祀月神的中秋供桌，置放着供奉的果品和月饼等

▲ 江南中秋节祭拜月神的习俗传承了千年。图为20世纪30年代祭拜月神情景

受着节日的氛围和家庭的温暖。中秋节，让中国人的心头充溢久久的暖意，充满浓浓的亲情。

中秋又叫“仲秋”“月夕”，应该说，是中国人岁时节日系统中仅次于春节的第二大节。从上古时代就有的月神信仰衍变而来的敬月习俗，以及流传几千年的祭月之风，它实际上保存着先民古老的天地人和的哲学思考。《周礼》中即有“中秋献良裘”“中秋夜迎寒”的说法，但那时的“中秋”只不过是一个单纯的月令时间，并无节日之意。尽管古代帝王有春天祭日、秋天祭月的礼制，祭日在“春分”；祭月在“秋分”；但皇家礼制，与一般民众没有什么关系。月亮对于平民来说，是一种外在的神秘的支配力量，无法接近它，祭祀它。因此民间祭月的习俗，在汉魏典籍中不见著录，更不用说出现以拜月为中心的节日。

严格地说，中秋成为节日，是唐宋以后的事。唐代又是一个具有博大气象包容一切的朝代，精神浪漫、气象恢宏，盛唐

▲ 民国时期每逢中秋节，食品店里堆满了中秋月饼

的繁荣，逐渐激发了民间在中秋祭月时节的玩赏之风，中秋赏月玩月终于从神坛上走下来，逐渐走到民间。诗歌勃兴，科举开考，无数背井离乡的士子，在丹桂飘香的时节“举头望明月”，祭祀月神，由纪而祭，由祭而庆。人们并不十分刻意追求在秋夕祭月，所以，最接近秋分点的一个满月日，就成了这一秋月祭赏之节最佳的选择。天上的一轮明月逐渐披上了人情的薄纱。北宋文人中秋玩月多伴随着宴饮聚会，这一形式也为民间富户、土豪所效仿。到北宋中期，形成了以文人官僚的诗筵笔会和市民宴饮玩乐并行的大众化的节日。北宋末年山河破碎，外敌侵扰，中秋的节庆活动有了更不一般的内涵，中秋的圆月弥足珍贵，“团圆”的特征及其象征意义被凸显出来，“祭月”与“团圆”，才使中秋节的习俗内涵变得完整而更富意义。“明月几时有，把酒问青天”的祭月情感与“但愿人长久，千里共婵娟”的团圆期盼合二为一，奠定了中秋节日文化的基本内涵。中秋节，是“祭月节”，也是“团圆节”。

两晋南北朝之后，许多民俗节日到唐代都为之一变，那些充满神圣色彩的祭祀习俗逐渐消解；而民众的娱乐成分大为增加，特别是随着天文知识的丰富与时代文化的进步，神秘色彩明显消解，娱乐成分明显增加。明清时代对中秋节的盛大推动直至沿袭到当代社会，团圆

▲ 1943 年中秋节，要求与会者同庚虚龄 50 岁方能参加，共有 20 人参加，故称千龄会

▲ 20 世纪 40 年代上海中秋节，街市上节令食品和月饼琳琅满目

始终是这个节日的核心价值。天上月儿圆，人间盼团圆，特别是随着天文知识的丰富与时代文化的进步，节日的神秘色彩明显消解，关注世俗生活的团圆元素明显增加。如唐代官员“千秋节”上的“献镜祭月”，传到民间，民众以极大的智慧“象征造物”。老百姓买不起那么多铜镜，就用面做成圆饼状，模拟铜镜铸造的花纹，有的则干脆采取绘制的方法，将月宫图案画在纸上，再将它覆盖在圆饼上。这个风俗一直到近代社会还是常见，如苏式月饼上的覆纸。

清吴存楷《江乡节物诗》曰：“粉膏圆影月分光，每际中秋得饱尝。只恐团圞空说饼，征人多半未还乡。”及至民国的学者施景琛《中秋词》云：“饼儿圆与月儿如，更兆嘉祥食有余。多感外家爱护意，年年例又贶双鱼。”月饼从团圆的寓意又被赋予了长辈对后辈的慈爱之情，被寄托了更多关于人间团圆的相思情、离别泪……“饼儿圆”“月儿如”，月饼作为团圆意蕴的象征，仿佛是打在中国人身上难以磨灭的烙印，又恰是我国民俗文化中极富有特色和人情魅力的精粹所在。

黄浦江畔菊飘香

——重阳登高

重阳节在民众的生活中是夏冬交接的时间界点，是人们在秋寒将至即将避居室内前的具有仪式意义的节日。以九月九日为节，始见于汉代。东晋葛洪撰《西京杂记》卷四记载汉代宫中风俗云：“戚夫人侍儿贾佩兰，后出为扶风人段儒妻。说在宫内时……九月九日佩茱萸，食蓬饵，饮菊花酒，令人长寿。菊华舒时，并采茎叶，杂黍米酿之。至来年九月九日始熟，就饮焉。故谓之菊花酒。”从文献记载来

▲ 晚清著名画家吴友如《海上百艳图》之重阳节《对菊持螯图》

▲ 重阳登高望远，适西式望远镜输入，画家周慕桥绘《视远惟明图》以应重阳节之景

▲ 民国时期浙江普陀山重阳节登山拜佛的香客络绎不绝

看，人们知道登高、饮菊花酒、佩茱萸等是重阳节的重要活动，目的是祈求免灾避祸。

重阳节的原始意义在于躲避灾祸。东汉时期汝南桓景听从费长房的建议，在九月九日这一天登高、佩茱萸、饮菊花酒，以此躲避灾祸的传说，流传甚广。江南地区，由于水网密布，气候潮湿，人们认为在重阳节登高可以避开秋季的湿气和疾病。至于登高，自古人们就对山岳怀有敬畏之心，对山岳的崇拜心理，为重阳节登高习俗的形成奠定了基础。江南地区山水相依，名山众多，如苏州的虎丘山、杭州的吴山等，为人们登高提供了便利的条件，人们在登高过程中，看到云卷云舒、花开花落的自然景象，感悟到人生的自在和淡然。

重阳佳节，恰好是菊花盛开的时节，它又是一个顺应时节的活动。农历九月初九，正值秋季，天高气爽，是适合户外活动的时节。江南地区秋季的景色优美，山林间枫叶渐红、菊花盛开，吸引人们登高赏景。而且，秋季也是农作物收获的季节，人们在登高的同时，也可以欣赏到丰收的景象，表达对丰收的喜悦和感恩之情。

重阳节后逐渐产生尊老敬老的主题，这从民国时期就开始了。“九”在数字中被视为阳数，两九相重，有长久长寿的含义。随着时间的推移，这种对长寿的追求逐渐与尊老敬老的观念相结合。江南地区文化底蕴深厚，儒家思想影响深远，儒家倡导“孝道”的传统，强调尊敬长辈、关爱老人。在重阳节，人们通过各种方式表达对长辈的敬意和祝福，使重阳节的文化内涵得到了延伸。

清末民国时期，中国社会经历了巨大的震荡，传统的家庭结构和社会秩序都受到猛烈冲击。老年人风烛残年的生活状况备受社会关注，因而成为社会的重要话题。1925年重阳节前夕，上海《申报》发表了一篇题为《重阳敬老之呼吁》的文章："重阳节至，当思敬老之德。吾国素重孝道，而老人乃社会之财富，经验之宝库。值此佳节，愿吾人皆能以敬爱之心，关怀老者，使老有所养，老有所乐。"这篇文章引起了社会的广泛关注，许多读者纷纷来信表示赞同，并呼吁身边的人一起践行尊老敬老的传统。1932年上海的"中华慈善总会"在重阳节期间，举办了一场大型的敬老宴会，邀请了数百名贫困老人参加。宴会上，老人们不仅品尝了美味的食物，还收到了慈善总会发放的生活用品和慰问金。1936年重阳节，南京的"金陵教育会"组织了一场"重阳敬老，学子献爱"的活动。学生们走进养老院和贫困老人家庭，为老人们打扫房间、表演节目，向老人们赠送礼物，用实际行动表达对老人的关爱和尊敬。教育家陶行知在1934年重阳节发表演讲，强调尊老敬老的重要性。他说："老人是社会的宝贵财富，他们的经验和智慧是我们学习的榜样。我们应该尊重老人，关心老人，让他们在晚年过上幸福的生活。"陶行知的演讲在社会上引起了强烈反响，许多学校和社会团体纷纷响应他的号召，开展各种

▲ 20 世纪 30 年代，教会修女带领女校的学生野外秋游重阳节登高

▲ 民国时期，安徽黄山的山崖上，有两名僧人重阳节登高望远

敬老活动。

社会的呼吁，慈善团体与社会名流的倡导，让重阳敬老的传统在家族与家庭中延续，江南地区的一些大家族中，重阳节当天，晚辈们会向长辈行礼拜寿，送上精心准备的礼物。家族还会举办家宴，让老

人们享受天伦之乐。一些家庭虽然生活不太富裕，也会在重阳节为老人准备一顿丰盛的饭菜，表达对老人的敬意和感恩之情。20世纪30年代，上海佚名作者《沪上重阳》云：“沪城秋日又重阳，黄浦江畔菊飘香。街头巷尾糕团热，敬老情浓意未央。”这首诗反映了民国时期上海地区的重阳节景象，黄浦江是上海的标志性景观，在重阳节时，江边菊花飘香，街头巷尾的糕团生意火热，体现出敬老的浓厚氛围，这是江南地区城市在近代重阳节的独特表现。

中元夜里月光寒

——中元利孤

农历七月十五的中元节，是怀念先人的一个特别的日子。所以要提出来说一说。中元节，道教称“中元节”，佛教称“盂兰盆节”，上海坊间民众称“七月半”，有着祭祀祖先、缅怀忠烈的文化内涵。中国人所有的传统节日都有祭祖的内容。从七月十五开始，每日晨、午、昏，都要在每位先人牌位前插上香，供奉三次茶饭，直到七月底送回。如果家中有先人画像的，也会请出挂起来，以表对祖先的缅怀和敬意。给祖先烧纸锭是必不可少的环节。人们通过焚烧纸锭，希望祖先在另一个世界能够有钱财使用，表达对祖先的思念和祈福。

中元节一个特别的习俗是“普度”，普度通常以寺庙为中心，附近居民将祭品拿到寺庙来祭祀，体现了人们对孤魂野鬼的怜悯和关怀，希望通过祭祀和施舍食物，让他们得到安抚，不要作祟。民国时期的上海就是一座工商大埠，经济发达，中西文化融合，但很少有人提及上海人过中元节的习俗。其实民国时期，每逢中元节，家家户户不分贫富都要在家过节，或上坟祭拜，表达对先人的怀念。

▲ 1939 年农历七月十五中元节，扬州发起为祭祀孤坟野鬼的“祭无祀”

▲ 20 世纪 30 年代，江南中元节，民众走出家门参加悼亡追思活动

在中元节这天，心怀善念的老上海人，还会对那些没有子嗣的孤魂野鬼进行祭祀，即所谓“祭无祀”，也叫“中元利孤”。神圣和世俗非常紧密地结合在同一个物理空间中，这在全世界的大都会中也是很少见的。清袁学澜撰《吴郡岁华纪丽》云：中元日，都在五更天用素菜祭祖，新亡者之家则更早。富裕人家还请和尚或道士设坛打醮诵经，悼念先祖。后来，祭祀仪式逐渐移至下午，除用酒菜等祭祀以外，还焚烧纸钱、锡箔等。一些地方会请和尚或道士来做法事，俗称“放焰口”，就是普度孤魂野鬼。和尚或道士诵经、念咒，超度亡魂，为死者祈福，也为活着的人祈求平安。

▲ 20 世纪 30 年代，中元节开庙会放河灯，人们手拿几株高粱祭奠过世的亲人

入夜后，人们会带备香烛、金银衣纸和一些祭品，如豆腐、白饭等在路边拜祭。其目的是让那些无依的孤魂有衣物御寒，有食物果腹。还有一种“荷花灯”，一般是在底座上放灯盏或蜡烛，中元夜放在江河湖海之中，任其漂泛。俗称“放河灯”，目的是普度水中的落水鬼和其他孤魂野鬼，为他们指引方向，帮助他们脱离苦难。

20世纪30年代，邑庙“三巡会”是上海地区一项具有浓厚民间信仰色彩和地方特色的传统活动，“三巡会”就是上海城隍庙每年三次规模盛大的出巡活动，分别在清明、中元（七月十五）和十月朝（十月初一）举行。这是在特定的节期里，民众将寺庙中神明、老爷等抬出来，在村镇、城乡的范围内进行巡游的仪式。为什么要进行这样的活动呢？这和民众的鬼神信仰有关。除了各家祭祀自己的祖先之外，还需要有一个公共的仪式来祭祀和安抚那些孤魂野鬼和厉鬼——这就是城隍三巡会的主要目的。民国时期上海县城的北部已经成为租界，所以人们就在城南找了一块空地作为临时的厉坛来祭祀。一般出巡仪仗正午之后从城隍庙出发，然后在上海老城厢内绕行一些街道，抵达厉坛举行祭

▲ 江南中元节最有特色的莲花灯，就是用莲叶载灯漂浮在水上远去

▲ 20 世纪 40 年代，江南民众乘小船到河里放莲花灯情景

孤仪式；天黑之后再绕着另外的一条路返回城隍庙，回到庙中都已经是深夜了。根据《申报》的记载，1937年清明节，前来看会的人有10万之多。这对于城市的公共管理无疑是一个极大的挑战，所以“三巡会”实在是一个组织复杂的系统工程，上海人曾经有秩序地举办过这样的盛大仪式，证明了他们具有出色的组织能力。

民国时期有佚名竹枝词《中元夜感怀》：“中元夜里月光寒，烛火荧荧照祭坛。遥想故亲何处去，青烟袅袅寄思安。”这首竹枝词描绘了中元节夜晚清冷的月光，以及祭祀时烛火闪烁的场景，表达了对逝去亲人的思念和对他们在另一个世界是否安好的牵挂。还有一首民国年间佚名作《中元祭》：“七月中元祭祖先，纸灰飞舞化青烟。阴阳两隔情难断，泪洒坟前思万千。”体现出人们与逝去祖先之间难以割舍的情感，以及在坟前思念万千的悲伤哀婉之情。

粥分腊八按门排

——腊八逐疫

先说腊八节的“腊”，也就是农历十二月，俗称“腊月”，腊八，就是农历腊月初八。古代在农历十二月合祭众神叫作“腊”，它有三个意思：其一，“腊者，接也”，寓有新旧交替的意思，二十四史中的《隋书·礼仪志》说过；其二，“腊者同猎”，与“猎”字相通，指的是通过田猎获取禽兽，用来祭祖敬神，“凡礼皆因于祭”，“腊”从“肉”旁，就是用肉“冬祭”；其三，“腊者，逐疫迎春”，古代民众欢庆丰收、感谢祖先和神灵的祭祀仪式，除祭祖敬神的活动外，人们还要逐疫，就是赶走污秽与不祥。

《说文》上说：“冬至后三戌日腊祭百神。”这说明汉代已经明确了从冬至过后的第三个戌日为“腊日”，当然，那时的“腊日”还没有吃“腊八粥”的习俗，只是将它作为祭祀诸神的日子。直到南北朝时，才将农历十二月初八固定为“腊八节”。每到这一天，人们举行仪式来祭祀祖先和天地神灵，并祈求丰收和吉祥。东汉以后，由于佛教文化的传播，相传这一天是佛教创始人释迦牟尼在佛陀耶菩提树下成道并创立佛教的日子，故有“佛祖成道纪念日”之说，佛教信众出自虔诚，遂与“腊日”融合，方成“腊八节”，并同样举行隆重的礼仪活动。

▲ 清末民初江南一个上了年纪的妇人在腊八节当天到寺庙烧香祭祖

▲ 1911 年法国耶稣会士禄是遒编《中国民间信仰研究》“腊八粥”图

江南民众喝腊八粥的历史，据说最早开始于宋代，每逢腊八这一天，不论是朝廷、官府、寺院还是黎民百姓家都要做腊八粥。清代的腊八粥风俗更是盛况空前。宫里的帝王等要向文武大臣、侍从宫女赐腊八粥，并向各个寺院发放米、果等供僧侣食用。宫内时兴，然后迅疾向民间普及。清代北京在雍和宫东院行宫设粥锅厂，大铜锅上熬“腊八粥”，也是一场难得的佛事盛典。初七开始生火，直到初八凌晨腊八粥熬成。清宫内的腊八粥，一定要熬六锅，分配的方案大致是：第一锅供佛；第二锅供皇帝和后妃食用；第三锅给王公大臣和大喇嘛；第四锅给文武官员和各省的封疆大吏；第五锅给雍和宫的众喇嘛，第六锅才施舍给京城百姓。腊八粥也体现出阶层的森严等级。

京城里的佛教寺院在腊八这天煮粥供佛，并举行施粥给百姓的佛事活动，也是一种示范，势必影响到全国。所不同的是，“腊八粥”

这一营养丰富、美味可口的供品，逐渐演变成为寻常百姓家的食品，腊八粥由多种食材熬制而成，一般有大米、小米、糯米、高粱米、紫米、薏米等谷类，黄豆、红豆、绿豆、芸豆、豇豆等豆类，红枣、花生、莲子、枸杞子、栗子、核桃仁、杏仁、桂圆、葡萄干、白果等干果。民间俗信认为这些丰富的食材具有驱邪避灾、增强体质的功效。人们相信在腊八节喝腊八粥可以抵御严寒，预防疾病，为新的一年带来健康和好运，也在一定程度上反映了"逐疫"的观念，通过食用腊八粥来抵御可能的疫病。

一些寺庙会在腊八节施粥，民众纷纷前往领取，不仅是一种慈善行为，也被视为一种获得神灵庇佑、驱除疫病的方式。民众以为寺庙是神圣的地方，其施予的腊八粥带有特殊的灵力，能够为人们带来平安和健康。寒冷的冬天施舍腊八粥给那些一贫如洗的穷人，却也是颇具温暖与温情的习俗。

从古代开始，腊八节就有祭祀祖先和神灵、祈求丰收和平安的传统。这一传统逐渐与逐疫的观念相结合。在医疗条件相对落后的清末民国时期，人们对疫病的恐惧更为强烈，因此更加注重"腊八逐疫"的各种活动。当然从社会环境和社会心理而言，清末民国时期，社会动荡不安，卫生条件较差，疫病频繁发生，特别是江南地区水网密

▲ 1925 年腊八节上海闸北"派粥"情形

▲ 民国时期一个头发已经花白的山东妇人，带着儿媳和孙子前往施粥场领取免费粥汤

布，气候潮湿，冬季易生寒湿之邪，容易引发各种疾病。腊八节的逐疫习俗也格外受到重视。晚清秦荣光《上海县竹枝词·岁时》描述上海地区腊八节的情势：“庵寺僧徒日打斋，粥分腊八按门排。干菱炒栗兼兜凑，更有庵尼送满街。”这反映了当时上海地区寺庙在腊八节施粥以及尼姑送特色食物的场景，从一个侧面体现了人们对腊八节的重视以及与逐疫相关的一些活动。在面对疫病的威胁时，人们往往会感到无助和恐惧，腊八节的逐疫习俗为人们提供了一种心理上的安慰和寄托，让人们相信通过这些活动可以驱除疫病，保护自己和家人的健康。

▲ 1933 年上海《儿童晨报》上关于冬日预防霍乱的宣传漫画

第四章

新兴节日与西方节日文化引进

1912年民国建立，即向西方学习，采用公历纪年的办法来改革节日体系，政府大力推行与西方同步的公历，将其作为官方历法，以显示与封建王朝的决裂。这使得节日的时间计算方式发生了根本变化，原来按照农历计算的节日需要按照新的公历时间来对应。例如，将公历1月1日定为“新年”，后来称为“元旦”，而传统的农历正月初一则不再是官方认定的新年起始。由于民众的传统习惯，这种调整在实际执行中难以落地，导致出现了“两个新年”并存的奇特现象。

民国时期，传统节日与现代纪念节日基本上处于并存状态，公历和新的节日体系在推进。民国时期又增设了许多具有现代意义的纪念节日，这些节日大多与国家的政治、历史事件或革命运动相关。比如中华民国建立日、国父孙中山诞辰、国庆纪念日、革命先烈纪念日等，这些节日的设立旨在加强民众对国家的认同和对反清革命的纪念，体现了民国时期的政治理念和价值取向。

西方节日在民国时期得到较多的引进，圣诞节最初传入中国时仅在教徒中传播，到民国时期，在精英阶层对西方文化的推崇以及教会的推动下，圣诞节渐渐被大众所熟知。民国时期的上海、广州等大城市，在圣诞节期间，将其尽可能地商业化，成为商家进行各种促销活动的手段。再如母亲节，这种朴实的情感表达方式很容易被中国人接受，中国留学生将西方的母亲节习俗带回国内，国内的一些知识分子和媒体也对其进行宣传和推动。民国时期西方节日文化的引进是当时中国社会、文化变革的一部分，反映了西方文化对中国的影响以及中国人对西方文化的接受和融合。这些西方节日在引进过程中，也逐渐与中国的文化和社会环境相适应，形成了具有一定中国特色的庆祝方式和文化内涵。

总体而言，民国时期的节日体系改革具有不彻底性和矛盾性，节日体系的混乱，导致民众在传统节日和新节日之间存在着选择上的困惑和矛盾。改革措施与现实情况产生了冲突，导致改革的效果不尽如人意。

▲ 儿童节最早出现在民国，民国政府规定 1935 年 4 月 4 日至 1936 年 4 月 3 日止为全国儿童年。图为上海市儿童年开幕典礼

未来世界在掌中

——四四童节

1931年3月7日，由熊希龄主办的中华慈幼协会向上海市社会局呈请，建议仿照邻国，将每年的4月4日规定为儿童节。协会在申请书中强调了儿童的重要性，认为儿童是国家未来的主人翁，民族的兴衰取决于儿童。

细细琢磨儿童节的由来，也是与西方文化和思潮的推动与影响有关，甚至可以说儿童节也是中国引进的一个外来文明。1900年，瑞典教育家艾伦凯发表了《儿童的世纪》一文，提出20世纪是“儿童的世纪”，在国际舆论中引发炸响。1919年，儿童中心主义论者杜威来中国游历演讲，推崇新文化的中国人很快接受了这一新思想。

▲ 1935 年江苏南京新都大戏院举行儿童年开幕典礼

1921年“国际儿童幸福促进会”在比利时的布鲁塞尔成立，1925年，该促进会在瑞士日内瓦举行第一次儿童幸福国际大会，包括中国在内的54个国家700余名代表与会。

自从民国初年儿童被当作挽救国家危亡的希望所在，儿童是未来的希望之所在，一时间，保护儿童、儿童幸福、慈幼事业成了社会上的热门话题。为唤起社会对慈幼儿童事业的重视，有识之士大力宣传儿童不再仅仅是“养老传嗣”，而是国家未来的主人。上海市社会局接到中华慈幼协会的申请后，立即批复并转报国民政府。1931年8月，国民政府教育部制定了《儿童节纪念办法大纲》，通令各省、市、县教育厅局照此执行，规定每年4月4日，由各小学、幼稚园、社会教育机构及家庭举行纪念。1932年4月4日，中华民国迎来第一个儿童节。国民政府教育部把儿童节纳入“小学校历”，并详细地规定了儿童节的活动内容和形式，学校、社会要开纪念大会，举行儿童健康比赛，文艺演出等。纪念大会的程序也大致相同：奏乐、肃立、升旗、恭读总理遗嘱、长官致辞、来宾演讲、儿童代表答词、呼口号、表演节目等。1932年第一次儿童节，中国有20多个市进行纪念，到1935年举行了“儿童节”活动，儿童节正式成立，成为了全国性节日。

四四儿童节设立的当初，政治化的意味还是非常浓厚的，在国民政府的指示下，第一届儿童节以纪念大会的形式拉开帷幕。各地会场均悬挂孙中山遗像、党旗、国旗及国徽，以彰显党国之意志。活动流程与一般的成人政治大会类似，各级政府领导先致辞，向儿童们灌输政治教育，然后由儿童代表上台宣读充满政治色彩的心得感想。纪念大会以儿童们高呼政治口号结束。

那个年代国难当头，随着时局与社会话题的转换，儿童节的主题

▲ 20 世纪 30 年代，上海一户人家主妇与家里的孩子在儿童节合影

▲ 20 世纪 30 年代儿童节上，一群学童在上演课本剧的情形

▲ 1942 年，年轻的母亲们抱着孩子参加母亲会

也与时政热点相关，成为弘扬复兴救国的舞台。著名教育家蔡元培对“四四童节”的含义进行了解释，第一个“四”指食、衣、住、行，是人生的基本生活；第二个“四”指智、体、德、美四育。体现了当时对儿童全面发展的关注和期望。从时序上看，“盖以时期正值春令，且届植树节，以气候论，南北相同，又与往时之‘三三’、‘五五’、‘七七’、‘九九’及‘十十’各节交相辉映而不冲突。”每当儿童节来临，除了官方组织的活动外，学校等教育机构也会举办相关活动，如演讲活动，内容为本国革命先烈及古今伟人之儿童轶事，以阐明忠孝仁爱信义和平等品德；才艺节目则演出能启发儿童爱群、爱国、爱家庭心理的游戏或短剧。

著名教育家蔡元培作《儿童节歌》云：“好儿童，好儿童，未来世界在掌中。若非今日勤准备，将来落伍憾无穷。好儿童，好儿童，而今国难正重重。后方多尽一分力，前方将士早成功。”这首诗歌体现了蔡元培对儿童的殷切期望，强调了儿童在未来世界的重要性以及在国家面临困难时儿童应有的担当和努力。

四四童节在江南社会呈现出不平衡性，在一些大城市，儿童节的庆祝活动较为丰富多样。除政府组织的纪念活动之外，社会各团体也响应号召举办活动，公园、电影院对儿童实行半价或者全免票，各书局折价出售各类儿童读物，医疗机构免费为儿童体检和种痘等，这些活动使一些大城市儿童在一定程度上享受到了节日的福利。但乡村儿童受惠较少，在偏远乡镇，大多数贫苦的乡村儿童甚至根本无法享受到这些福利。当时的儿童节更多是城市富贵人家孩子的节日，城乡之间存在着明显的差异。

男女平权天赋就

——妇女节日

诞生于20世纪初的国际妇女节，源于欧美各国的妇女运动。1910年，在丹麦首都哥本哈根召开了国际社会主义者第二次妇女代表大会，德国代表克拉拉·蔡特金倡议，将每年的3月8日作为国际妇女节，得到了与会代表的一致拥护。1911年3月8日，奥地利、丹麦、德国和瑞士等多个国家的妇女首次举行了庆祝妇女节的集会和游行，从此，纪念“三八”妇女节的活动逐步扩大到了全世界。

20世纪初，中国处于社会转型期，西学东渐，各种新思潮、新

▲ 20 世纪 20 年代初，一群上海妇女聚在一起

观点和新事物纷至沓来，人们追求民主与自由，追求人格独立，女子身体与心灵的解放，反清革命家秋瑾在《勉女权歌》写道：“吾辈爱自由，勉励自由一杯酒。男女平权天赋就，岂甘居牛后。愿奋然自拔，一洗从前羞耻垢。若安作同俦，恢复江山劳素手。旧习最堪羞，女子竟同牛马偶。曙光新放文明候，独立占头筹。愿奴隶根除，智识学问练就。责任上肩头，国民女杰期无负。”

▲ 图中人物是中共一大代表李达的夫人王会悟，她是中共一大的重要筹备者，这张照片是她少女时代的模样

国际上妇女争取平等权利的运动和节日也引起了中国妇女的关注，为妇女节传入中国创造了思想文化条件。1924年，鲍罗廷作为共产国际代表驻扎广州，其夫人向何香凝、邓颖超、蔡畅等介绍了国际妇女节的历史，并为官方草拟了一份三八节庆祝纲要。这一年的3月8日，中国妇女在广州第一公园第一次庆祝自己的节日，有两千余人出席。这是中国的第一个妇女节活动。此后，妇女节庆祝活动逐渐在全国推广开来。

1924年1月，共产党人向警予亲自组织丝厂女工与纱厂女工联合成立上海丝纱女工协会，为后续的妇女节活动奠定了基础。1924年3月8日晚7时，上海丝纱女工协会召开“三八”妇女节庆祝大会。到会五十余人，主席李纪源致词，王奠世详述三八节的来历及国际妇女运动的历史，女工代表王根英、陈凤英在会上做了关于中国为什么纪念“三八”的演说。这次活动虽然规模不算大，但具有重要的历史意义，被载入了中国妇女运动史册。

中共一大代表曾居住过的博文女校以及中国共产党创办的第一所妇女干部学校——平民女校，在上海的妇女解放运动中发挥了重要作用。平民女校由李达夫人王会悟出面租赁，李达任校长，分高级、初级两个班，培养了许多革命干部，为妇女解放运动培养了骨干力量。一些进步人士在上海通过创办刊物、发表文章等方式宣传妇女解放思想。向警予在沪期间撰写了大量论述妇女解放的文章，分别发表在《向导》《前锋》《觉悟》和《妇女周报》《妇女杂志》上，对上海乃至全国的妇女解放运动都产生了积极的影响。

▲ 1940 年三八妇女节期间参加抗战的中国女兵

上海的女工积极参与罢工运动，争取自身的权益。共产党人向警予带领一万五千名丝厂女工参加罢工，要求增加工资、减少工时，展现了上海妇女的力量和觉醒。在五卅运动以及上海工人第三次武装起义等重要的社会运动中，都能看到妇女的身影。她们参与演讲、募捐、宣传等活动，为运动的发展贡献了力量。

妇女有了自己的节日，妇女节的庆祝活动促进了女性思想的觉醒，让更多的女性开始关注自身的地位和权利，推动了妇女解放运动的发展。许多女性开始意识到自己可以通过努力争取平等的权利和地位，不再满足于传统的家庭角色。妇女节的活动引起了社会各界对妇女问题的关注，包括妇女的教育、就业、婚姻等方面。这促使社会开始反思传统的性别观念，为妇女争取更多的机会和权利创造了一定的社会氛围。这为后来女性在政治领域的发展奠定了基础。上海也受到影响，开始呼吁解放女性身体，反对束胸。后来上海的一些女性开始摒弃束胸的旧习，接受文胸等新的内衣形式，这是妇女在身体解放方面的重要进步。

▲ 20 世纪 30 年代，上海一群妇女的合影

尽管有了妇女节，年年都有人在呼吁妇女解放，然而总体而言，民国年间妇女的整体地位还是不如人意，所谓的妇女解放在相当程度上还流于形式。对此，著名作家丁玲在《三八节有感》中写道："每年在这一天的时候，几乎是全世界的地方都开着会，检阅着她们的队伍……世界上从没有无能的人，有资格去获取一切的。所以女人要取得平等，得首先强己。"尽管有了妇女节，中国妇女解放的任务还是任重而道远。

▲ 1940 年 3 月 8 日，解放区举行三八妇女节纪念大会

▲ 1915 年孙中山首倡植树节，1928 年官方将植树节改为孙中山逝世的 3 月 12 日，是为植树节的由来

种下垂柳绿两行

——植树节日

民国时期的植树节有一个逐步确立的过程，1912年，孙中山担任临时大总统的中华民国南京政府成立不久，便设立了农林部，下设山林司，主管全国林业行政事务，这为林业相关政策的制定和推行奠定了基础。1914年11月，我国近代史上第一部《森林法》颁布，从法律层面为植树造林活动提供了保障。

1915年7月，在孙中山的倡议下，当时的北洋政府正式下令，规定以每年清明节为植树节，指定地点、选择树种，全国各级政府、机关、学校须如期参加，举行植树节典礼并从事植树活动。经当年7月21日批准后，通令全国如期遵照办理，自此中国有了植树节。这一规定在江南地区也得到了执行，成为江南植树节的开端。

然而，这是就全国植树造林情况而言的。在江南地区，各级政府积极响应号召，组织相关的植树活动，也有一个逐步确立的过程。根据《上海园林志》记载："民国五年（1916）4月5日清明节，上海县知事沈宝昌及当地官绅齐集老城厢小西门外黄家阙路普益习艺所以南的一块空地上，举行了首次植树节典礼，会后由沈宝昌代表沪海道尹周晋镳手植一株，其余百余株则由农工栽植。"说明上海县当时的植树节与民国整体上基本同步。《上海园林志》还记载："民国六年，上海县知事公署仍在黄家阙路举行植树节典礼，沪海道尹王赓廷则在北新泾新建成的道立苗圃举行仪式。从民国七年到民国十五年，除民国十四、十六两年因军阀战争未举行植树节仪式外，县知事公署每年均在道立、县立苗圃进行植树节活动。在此期间，参加植树节活动的人数虽有所增加，但基本上只有官绅及部分学校师生参加的官方

▲ 1923 年金陵女子大学新入学学生植树节植树情景

▲ 1939 年参与植树节的民众

▲ 民国时期江南地区的官员与民众植树节一起种树

仪式。”江苏省的一些城市和乡村，地方官员会带领民众在指定的地点进行植树，学校也会组织学生参与，培养他们的环保意识和劳动观念。

那个年代江南和上海的植树节，一会儿是惊蛰，一会儿是春分，放在清明节植树为最多，似乎对这个节的确定还处于游移不定的状态，不过，清明节作为植树节的日子，在大多数情况下仍然得到了遵循。民国时期著名的小说家张恨水写过一首关于植树的竹枝词：“大恩要谢左宗棠，种下垂柳绿两行。剥下树皮和草煮，又充饭菜又充汤。”张恨水虽然不是直接写植树节，但反映了植树对于人们生活的影响，在一定程度上也与植树造林的意义相关。

直到1927年7月上海建市，上海特别市政府于1928年初决定春分为植树节，并固定于每年3月21日举行植树仪式。但同年3月1日，中国国民党中央执行委员会作出了以孙中山逝世纪念日（即 3月12日）为全国植树节的决议，自此，上海植树节的日期才固定下来。

1928年3月12日，上海特别市政府在半淞园举行首届植树节典礼，市长张定璠、各社会团体代表及学校师生共2 000余人参加了活动。1928年3月12日，上海特别市政府举行了首届植树节典礼。沪上名园半淞园苍郁的林木间拉出了横幅标语，写着“孙中山精神不死”“要想总理精神不死，我们一定要让树活”等口号，既表达了对孙中山先生的缅怀和敬意，也强调了植树造林的重要意义。公园铸铁长椅上放着一沓沓《申报》，这是刚加印的“总理逝世三周年植树特刊”，起到了很好的宣传和纪念作用。

首届植树节的典礼庄重而有序，在奏乐声中，全体人员向孙中山先生的遗像行致敬礼，主持人恭读总理遗嘱，然后全体静默三分钟，以表达对孙中山先生的深切缅怀和崇高敬意。进入到植树环节，众人手执树苗进行种植。计植树机关约12所，共植树30株。学生们唱起了新创作的《上海的植树节》歌：“树木少，地方枯燥，风雨不顺不调，糟！我们这大上海，烟包煤裹，生趣萧条。改造！大家来改造！人行道，空地学校，栽种许多树苗，好！将来的大上海，千树万树，叶茂花娇，真好！风景真正好！”这首歌生动地表达了人们对改善上海环境的期望和对植树造林的热情，也为典礼增添了欢快的氛围，激发了广大市民参与绿化建设的热情。此后，植树节在上海逐渐成为一项重要的活动，对城市的生态环境改善产生了积极的影响。

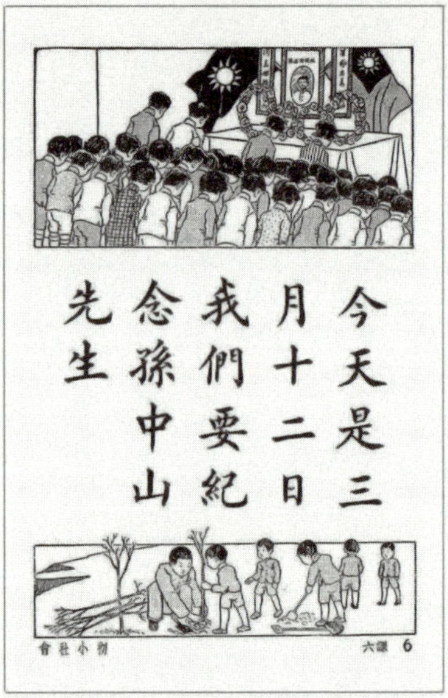

▲ 民国小学课本教材中对植树节的介绍

挣脱野蛮操斧钺

——劳工神圣

五一国际劳动节起源于美国。1886年5月1日，美国芝加哥等城市2万多个企业的35万工人举行罢工和大规模游行示威，这次罢工遭到政府的镇压。为了纪念美国工人的这次“五一”大罢工，推进各国工人争取八小时工作制的斗争，1889年7月，由恩格斯领导的第二国际在巴黎举行代表大会，会议通过决议，将5月1日定为国际劳动节，并号召1890年5月1日各国劳动者举行示威游行。此后，每年5月1日，世界各国劳动人民都会举行活动庆祝这一节日。但清末的中国没有“劳动节”，直到民国，劳动节才在中国得以推广。1918年，第一次世界大战结束后，北京大学举行了一次演讲会。在这次会上，

▲ 1917 年赴欧洲海外华工中国劳工团，在船上排成队列

▲ 1945 年上海一名正在房屋建造工地工地上干活的少年

蔡元培、李大钊和陈独秀等人都相继发表了精彩的演讲。其中，又以蔡元培的演讲最引人瞩目，蔡元培的演讲题目为《劳工神圣》。他号召青年学子们要改变过去唯有读书高的想法，重新认识劳工的价值，认识到劳动的意义，蔡元培总结道：劳工神圣，劳动神圣！

当时一些革命的知识分子在上海、苏州等地向工人和群众散发五一劳动节的传单，使“劳工权利”“劳工尊严”“劳工神圣”等观念开始深入人心。相较于上海，江南其他地区的产业工人数量和工人运动的规模、影响力都相对较小。江南地区虽有一定的工业发展，但多以传统手工业和小型工厂为主，产业工人的组织化程度和阶级意识觉醒相对较晚。例如在一些中小城镇，工人仍以分散的个体劳动为主，缺乏大规模的工人组织和集体行动。上海作为江南地区的经济中心和文化前沿，其工人运动和劳动节庆祝活动对江南其他地区产生了一定的辐射和影响。一些江南地区的进步人士和青年学生受到上海的启发，也开始关注工人阶级的状况，尝试在当地推动相关的活动，但这种影响在民国时期还处于逐步扩散的阶段。

严格地说，中国的五一劳动节是从1920年开始定型的。1920年4月2日，在上海船务栈房工界联合会成立大会上，陈独秀发表了《劳动者的觉悟》的演说，将劳动者的觉悟分为两步，第一步“要求待遇”，第二步“要求管理权”，这一演讲引起了工人们的强烈共鸣。4月18日，上海七大工会团体（包括中华工业协会、中华工会总会、电器工界联合会、中华全国工界协进会、中华工界志成会、船务栈房工界联合会和药业友谊联合会）召开联席会议，筹备举行五一节纪念大会。与会众人采纳了陈独秀的建议，将大会的名称定为“世界劳动节纪念大会”，还推举陈独秀等为筹备纪念大会顾问。会议决定5月1日当天，除电车、电灯、自来水、电话、电报等公用事业外，其他各业均须休息一日，工人列队游行以示纪念。4月26日，七团体再次开会，确定5月1日下午在西门体育场（即坐落于方斜路的上海公共体育场，又名沪南体育场）召开世界劳动节纪念大会，并印发了内容简明易懂的传单广为散发。

▲ 1920 年上海《民国日报》副刊《觉悟》刊登的反映工人阶级斗争的漫画

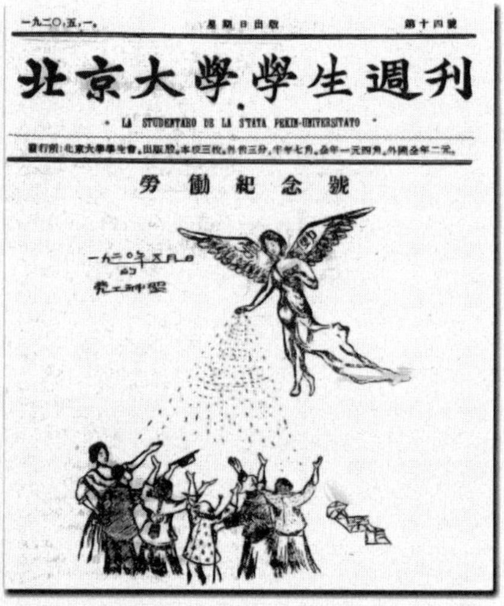

▲《北京大学学生周刊》1920 年 5 月 1 日《劳动纪念号》封面

集会纪念五一劳动节的消息引起北洋政府惊恐万状。淞沪护军使署与淞沪警察厅于4月底相继发出布告，严禁工人集会游行。淞沪护军使何丰林还将西门体育场所在斜桥地区划为戒严区域，白天也不准市民通行。到5月1日，天刚蒙蒙亮，军警就强占了西门体育场。中午刚过，许多工友从四面八方赶到，但因体育场里布满军警，大家只好退至体育场对面的顾家花园中。由于军警一再阻挠，大会组织者不得不四度更换集会地点。先是决定前往位于提篮桥的精武会体育场，后又转去北四川路（今四川北路）青年会体育场，在屡遭军警和租界巡捕的阻挠之后，纪念大会只得选在青年会体育场旁边的广场上进行。军警起初答应允许5分钟的活动时间，但在演讲即将开始之时，军警再度前来干涉，勒令场内的工人退去。但工人们没有被吓倒，纪念大会最终在老靶子路的一片荒地中举行。会上通过了要求每日工作8小时、组织纯洁工会、各业工人联合等三项决议。

民国时期，劳动节与“劳工神圣”的理念不仅在社会运动中产生了重大影响，也在文学创作中留下了深刻的印记。许多民国知识分子创作了与“劳工神圣”相关的诗词。如靳悟元《七律——劳工神圣》中写道：“人猿揖别赖磨石，谁能道尽苦滋味？挣脱野蛮操斧钺，搅起烽烟做一堆。马翁历数人间事，指点劳工辨是非。血染沙场识自己，报得先烈三春晖。”表达了对劳工的敬意以及对马克思的敬仰。

1929年，南京国民政府正式发布《五一劳动节纪念办法》，规

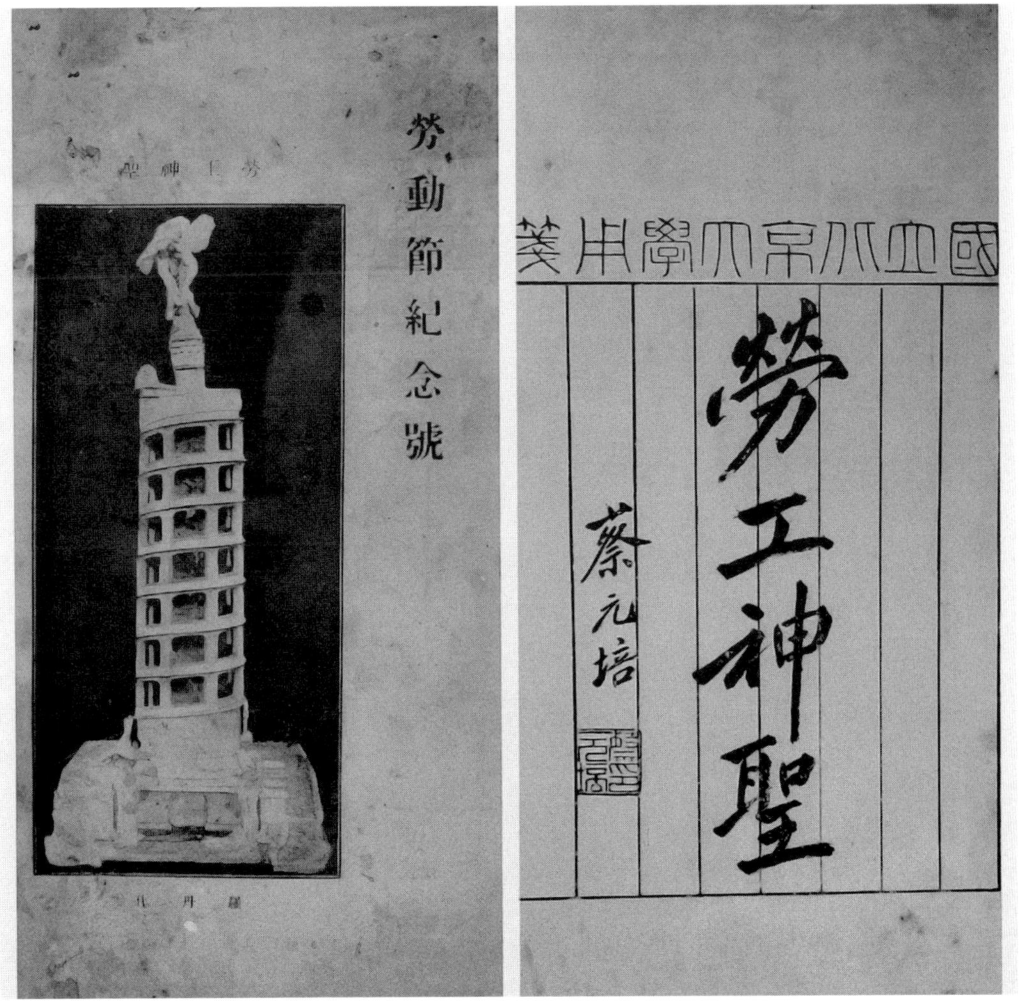

▲《新青年》杂志《劳动节纪念号》和北京大学校长蔡元培在扉页上题词“劳工神圣”

定劳动节当天全国各工厂一律休假一日，各级机关、劳工团体等要举办纪念活动，这使得劳动节在上海正式成为法定节日。此后，每年的劳动节上海都会有相应的庆祝活动和纪念仪式。

子弟从师入学堂
——教师节日

中国自古就有尊师重教的传统，古代有“人有三尊，君、父、师”的说法，早在西周时期就提出“弟子事师，敬同于父”。这种深厚的文化传统为民国时期的尊师重教观念奠定了基础，人们普遍认可教师的重要地位和价值，对教师怀有一定的敬意。民国时期，尽管社会动荡、战乱频仍，但尊师重教的观念依然在一定程度上得以保留。知识阶层和社会大众普遍认为教育是国家发展的重要基石，而教师是教育事业的关键推动者，因此应该受到尊重。

民国时期佚名作者竹枝词云：“自停科举换新章，子弟从师入学堂。书备中西须并习，至今效法遍城乡。”这首诗反映的是科举制度废除后的教育新景象。科举制度在中国存在了一千多年，它是古代选拔人才的主要方式。1905年，清政府宣布废除科举制度，这是中国教育史上的一个重大变革。科举废除后，新式学堂开始兴起，学生们纷纷进入新式学堂学习。传统科举教育中，主要学习的是儒家经典等传统文化知识，而新式学堂则不

▲ 20 世纪 20 年代教师指导学生的情形

▲ 1923 年杭州弘道女子中学教师的家庭

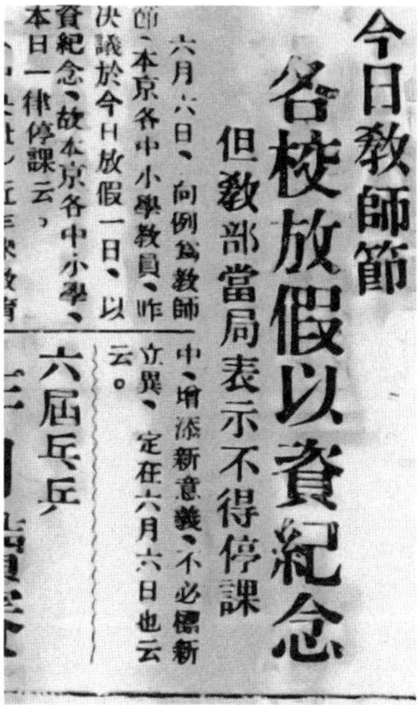

今日教師節
各校放假以資紀念
但教部當局表示不得停課

六月六日、向例爲教師節、本京各中小學教員、昨決議於今日放假一日、以資紀念、故本京各中小學、本日一律停課云，

中、增添新意義、不必標新立異、定在六月六日也云云。

六屆乒乓

▲ 1934 年 6 月 6 日,《中央日报》关于教师节放假的报道

同，它强调中西知识的融合。学生既要学习中国的传统文化，又要学习西方的科学知识、社会学说等内容。中西合璧的教育理念是为了培养适应时代发展需要的人才，让学生能够接触到更广泛的知识体系，具备国际视野。随着时间的推移，新式学堂不仅在城市中大量出现，在乡村地区也逐渐普及。这对于提高国民素质、传播新思想观念起到了巨大的推动作用。更多的人有机会接受系统的教育，为社会的各个领域培养了大量的人才，也为中国社会的现代化进程奠定了人才基础。

新式学堂也成为新思想的传播场所，各种西方的民主、科学等思想在这里得以传播，促进了社会观念的更新，民国社会处于剧烈的变革之中，各种新思潮如民主主义、社会主义等风起云涌。教师作为知识阶层的重要组成部分，在社会变革中起到了引领作用。1931年，中央大学教育系教授邰爽秋、程其保，暨南大学教育学院院长谢循初等，联络200余位教育工作者共同发起教师节运动，将每年的6月6日定为教师节（又称“双六”节），其主旨为“唤起社会关注、教师团结，共谋救助”。当时教师群体面临薪资微薄、缺乏职业保障及进修机会、在社会上不受尊重等问题，设立该节日旨在改善这些状况，提高教师的地位。

▲ 20 世纪 20 年代的教师形象

▲ 20 世纪 40 年代，上海教师节高校教师合影照

然而，这一节日主要是教师群体的自发行为，主政者起初并未认可。1932年中央大学教授张其昀就认为，孔子既具有高尚的人格，又是最伟大的教师，教师节应定在他的诞生日。1934年《中央日报》上也曾刊载某匿名教育家的观点，认为可将孔子诞生日作为教师节。后来经过换算，孔子的诞生日应为公历9月28日，但当时国民政府将教师节定在了农历八月二十七日（即1939年的8月27日）。1939年，官方为鼓励教师服务精神，融洽师生感情，唤起社会尊师观念，正式下令以每年的8月27日作为教师节，并颁布教师节纪念办法，规定各级教育行政机关届时表彰著有劳绩之优良教员，改善教师待遇等。但由于当时日寇侵华，山河破碎，抗战军兴，官方设立的这个教师节并未在全国得到广泛推行。

当然，无论是最初的“双六”教师节，还是后来以孔子诞辰为教师节，都体现了对尊师重教文化传统的继承。以孔子诞辰为教师节的倡议，更是强调了对古代教育先师的尊崇和对教育传统的延续，孔子所代表的教育理念和师德精神在一定程度上得到了传承和弘扬。两个阶段的教师节都反映了对教师地位的关注，希望通过设立节日来提高教师的社会地位，改善教师的待遇和工作条件，这与尊师重教的传统观念相契合。

从“双六”教师节强调教师群体的自身诉求，如提高待遇、保障职业等，到以孔子诞辰为教师节强调教育的神圣性和教师的道德楷模作用，教师节的节日内涵逐渐从关注教师个体利益向关注教育的社会意义转变。“双六”教师节主要是民间自发的活动，官方态度并不积极。而到了以孔子诞辰为教师节时，南京国民政府虽然未予采纳，但仍正式下令确定了教师节，并制定了相关的纪念办法和规定，官方的参与度大大增加，使教师节具有了更强的官方色彩和权威性。

冬青树下欢儿女

——圣诞西来

西方圣诞节作为基督教的重要节日，伴随着基督教的传播而进入中国。要说它传入中国的时间，最早可以追溯到唐代，唐贞观九年（635）基督教叙利亚教会教士阿罗本由波斯（今伊朗）带来经书到长安，来华后被称为景教。景教的传播得到了唐朝政府的认可，在长安及洛阳，以及沙州、周至、成都等地都建立了教寺。不过，景教主要与社会中的高层人士往来，并未深入民间，且因内部争斗等原因，没有产生广泛的影响力，到唐武宗灭佛，景教的传播于会昌五年（845）终止。几百年后的元代也有过景教传播；明代中后期，利玛窦等早期传教士开始广泛的传教活动，基督教中“圣诞节”的概念在教民中间逐渐传播，但对普通民众影响不大。

直到鸦片战争之后，中国被迫打开国门，西方列强通过不平等条约获得在中国传教的特权，基督教在中国的传播范围迅速扩大。可是一般民众最早知道圣诞节，还是在19世纪后期。1872年12月24日，上海《申报》第一次提到了12月25日是“耶稣诞日”，于是第二年开始，《申报》正式称呼圣诞节这一天为“西洋冬至”，人们才知道了这是西方最重要的节日。由于当时人们对西方文化知之不多，还一度将“圣诞节”称为“西方冬至”。

▲ 清末一张来自德国的祝贺圣诞节的贺节明信片

1914年1月的《留美学生年报》上发表了民国著名学者胡適的《耶稣诞日歌》：“冬青树上明纤炬，冬青树下欢儿女。高歌颂神歌且舞，阿母昨夜含笑语。儿辈驯好神佑汝，灶前悬袜青丝缕。神自突下今夜午，朱衣高冠须眉古。神之格思不可睹，早卧慎毋干神怒。明朝袜中实饧敉，有蜡作鼠纸作虎。夜来一一神所予，明日举家作大酺。杀鸡大于一岁羖，堆盘肴果难悉数。食终腹鼓不可俯，欢乐勿忘神之祜。上帝之子天下主。”这首诗详细描述了圣诞节的庆祝场景和相关习俗，如圣诞树、悬挂袜子等礼物、庆祝活动等，让国内的普通读者能够通过诗歌较为直观地了解到西方圣诞节的具体形式和氛围，增进中国人对西方节日文化的理解，推动了圣诞节在中国的传播。

▲ 1921 年圣诞节前上海一个戏班在学习唱戏，小女孩脚被绑着，像是练芭蕾

▲ 1932 年圣诞节，上海豫园的积雪照

20世纪初的中国正处于社会变革和思想解放的时期，传统的文化观念和价值体系受到冲击。《耶稣诞日歌》所描绘的圣诞节及其背后的西方文化元素，与中国传统的节日文化和价值观念形成鲜明对比，能够引发人们对不同文化的思考和比较，促使人们反思传统观念的局限性，为社会观念的多元化发展起到了一定的推动作用，增强文化包容意识，为圣诞节等西方节日在中国的传播营造了较为宽松的社会氛围。

到了民国时期，社会风尚为之一变，因为民国政府，包括精英阶层对西方文化的推崇，圣诞节渐渐被大众所熟知。民国政府大力推行公历（阳历）纪年，将公历1月1日定为“新年”，试图以此取代传统农历新年，人们在官方活动和公共事务中逐渐以公历日期为标准，传统节日的时间计算在官方语境中被边缘化。将一些传统节日进行重新命名，如把端午节改为“夏节”，将端午节定义为与现代理念相关的节日，而不再强调其原有的纪念屈原、驱邪避灾等传统意义，这就使得民众对传统节日的情感认同和文化传承受到影响。此外民国政府还限制传统节日庆祝活动，管制节日相关物品交易，如发现有售卖粽子、月饼等节日食品以及鞭炮、春联等节日用品的商家，会进行处罚。在学校教育中，减少对传统节日文化的教学内容，增加西方节日和现代文化的教育。政府和一些文化界人士在媒体发表文章，批评传统节日的封建性和落后性，倡导民众过西方节日或现代节日，从而在社会舆论上对传统节日进行淡化。这在一定程度上为圣诞节等西方节日的流行提供了空间。

▲ 1930 年圣诞节《字林西报》上刊登上海妇女组织协会在静安寺路（今南京西路）设立的圣诞树情景

▲ 20 世纪 30 年代，上海一个会所俱乐部里的圣诞晚会

蔡锷在1915年12月25日发起护国运动，后来这一天被定为“云南起义纪念日”，全国放假一天，这在客观上为人们庆祝圣诞提供了时间条件。加上上层人物的示范，蒋介石和宋美龄都信仰基督教，蒋介石常在圣诞节发表讲话。一些信仰基督教或天主教的上层人士热衷于赴教堂参加礼拜，或在家庭召开圣诞晚会，名媛绅士以受邀为荣，竞相赴会。这种上层社会的行为对民众产生了一定的示范作用。再说当时国家政局动荡，军阀混战和日寇侵略让百姓饱受战乱之苦。一些人希望用耶稣基督的救赎与博爱精神抚慰人心，让圣诞节带来的一点欢愉冲淡人们心中的痛苦，圣诞节这一西方节日终于渐渐在中国扎下了根。

▲ 1904 年寄往比利时的一张明信片，画面是南京路上英商销售圣诞礼品情景

▲ 清末上海的一张圣诞贺卡

圣诞老人不畏寒

——圣诞商化

西方的圣诞节，一个完全外来的节日，20世纪30年代却在上海异常火爆和风生水起。30年代在上海颇受孩子们喜欢的圣诞老人，身着红袍，白发飘飘，面带笑容，全身披挂着各种礼物穿梭于街巷之间，给孩子们带来了欢声笑语。这是美国圣诞节的典型标志性形象，叫Santa Claus，有人将他音译为“山特呵罗士”，一开始上海人所知的圣诞老人就是这个美国“货郎”。

关于圣诞老人的形象，其早期原型源自圣尼古拉，他是一位公元4世纪生活在小亚细亚（今土耳其）经常帮助贫苦人的教主，荷兰人将他命名为“Sinter klaas”，最终演化成了“Santa Claus”。荷兰移民将这个形象带到北美后，1808年，美国作者华盛顿·欧文在其作品《迪德里希·尼克博克的纽约史》中创造了一个新的老圣·尼克形象。他描述圣·尼克是一个快乐的荷兰人，抽着长柄泥烟斗，穿着宽松的马裤、戴着宽边帽，为圣诞老人形象增添了新的元素和特点。1822年，克莱门特·克拉克·摩尔的诗歌《圣诞前夜》对圣诞老人的形象进行了更具体的描述：“有一张圆脸、圆滚滚的肚子，笑起来肚子像一碗果冻一样晃动。”他乘坐着由8只小驯鹿拉的雪橇，取代了之前乘坐马和马车的圣诞老人形象，更具奇幻色彩，成为后来圣诞老人的经典印象之一。1863年，德国移民漫画家托马斯·纳斯特受委托为摩尔的诗歌绘制插图，他笔下的圣诞老人穿着红色衣服，体型肥胖，留着白色胡须，是一个快乐的老人形象，完成了现代圣诞老人的形象的塑造。

30年代美国可口可乐公司为了促进饮料淡季的销售，请瑞典商业艺术家哈顿·珊布为其创作一个穿着红白相间衣服的圣诞老人喝可乐的形象，随着可口可乐的广告宣传逐渐深入人心，几乎所有商家以及媒体都开始采用消费者认可的圣诞老人形象，并基本固化。

圣诞节传入近代中国的内在动因并非对神性的信仰，相反是娱乐的世俗诉求，得力于民国上海商人群体的商业操作与商业智慧。它首先表现为一种娱乐形式或契机，才使得市民参与其中，一言以蔽之，好玩，有趣。并且将圣诞期间的慈善活动、集会成为市民参与公共生

▲ 20 世纪 30 年代，“张裕”葡萄酒公司圣诞促销广告

活的一种方式，商家与一般市民，其实是从实用的角度将其视为娱乐与公共参与的形式，商家在圣诞节前夕会在报纸、杂志等各种媒体上大量投放广告。这些广告不仅宣传自家的商品适合作为圣诞礼物，还营造出浓厚的节日氛围，吸引消费者的关注。

▲ 20 世纪 30 年代，上海“白金龙牌”圣诞限量款香烟广告

▲ 20 世纪 40 年代，上海电力公司圣诞节广告牌推销电器称：圣诞早上若能看到电器礼物便是一整年的奖赏

由于互赠礼物是圣诞节的重要习俗，商家们便大力推广各种适合作为礼物的商品。工艺品是首选之一，像景泰蓝瓷器、福建漆器、充玉石器、各种铁镜、绣花等传统工艺品，因其代表着财富与富贵，颇受消费者欢迎。银器在圣诞节期间也是销售旺季，平时不见广告宣传的银器公司，到了此时也会加大宣传力度。绸缎庄与洋装公司则通过打折促销、让利酬宾等方式，吸引消费者购买衣物作为圣诞礼物。食品方面，西点和巧克力糖果最为流行。商家们会推出各种精美的巧克力礼盒和糖果礼包，满足消费者的需求。例如，沙利文糖果公司在圣诞节期间的糖果销售业绩火爆，巧克力糖常常供不应求。

上海的各大商店，尤其是南京路、四川路和霞飞路（今淮海中路）上的商店和百货公司，会进行精心的圣诞装饰。圣诞老人、雪景、玩具、礼物等元素是装饰橱窗的必备，以吸引路人的目光。店内也会布置圣诞树、彩带、彩灯等，营造出温馨、欢乐的节日氛围，让消费者在购物时感受到浓厚的节日气息，增加他们的停留时间和购买欲望。同时商家会在店铺内设置专门的圣诞商品展示区，举办圣诞晚宴与舞会；提供定制服务，与电影院、剧院等娱乐场所合作，推出圣诞特别活动。例如，电影院会在报纸上预告将日夜开映三次，并公布特意挑选的影片名，吸引观众前来观影，甚至还会创造一些与圣诞节相关的噱头来吸引消费者，例如推出“圣诞大促销”活动，有的商家甚至会打出“圣诞老人不畏寒，服用艾罗补脑汁”这样不伦不类的广告语，将自己的产品与圣诞节联系起来。

可以说，圣诞文化进入中国百姓的日常生活，最具文化生命力的因素并不是信仰，也非博爱、平等的思想，而是世俗生活的快乐。

满街锣鼓闹喧哗

——节日消费

节日是民众社会生活消费的高峰。从民俗文化传统的视角来看，较多属于仪式性消费，节日通常伴随着一系列的传统仪式，这些仪式需要特定的物品来完成。如春节期间，人们要贴春联、放鞭炮、祭祀祖先等。春联的购买、鞭炮的消费以及祭祀用品如香烛、供品等的支出，都是基于春节的文化传统而产生的消费行为。民国文人俞槐青的《上海竹枝词》云："满街锣鼓闹喧哗，旧历新年祝岁华。偏事俗尘多韵事，蜡梅天竹水仙花。"就是新年期间上海街头热闹的氛围，以及人们用蜡梅、天竹、水仙等作为岁朝清供的习俗，也从侧面反映了

▲ 过春节总是消费的高峰。图为 20 世纪 30 年代人们迎新年消费的忙碌时刻

▲ 20 世纪 30 年代，美商中国汽车公司同人在节日之际公宴欢送费利门总经理及夫人

节日期间人们的消费习惯和文化传统。

节日消费的另一大宗是礼品消费，走亲访友，人来人往，人际之间表达情感和祝福的重要时刻，礼品赠送成为一种文化习俗。中秋节送月饼，端午节送粽子等，也是人之常情。倘若要凑西方情人节的热闹，情侣之间互赠巧克力、鲜花，尤其是玫瑰花，还包括包装、贺卡等附加产品的消费，从而刺激了消费增长。

从心理需求角度来看，节日往往能给人们带来愉悦、放松的情绪。人们需要情绪宣泄，也要犒劳自己，在这种心理驱使下，会使人购买平时舍不得买的商品。节日期间有很多社交活动，如家庭聚会、朋友聚餐等。

当然，民国时期节日消费的差异也是很明显的，首先是地域差异：居住在租界和华界的民众，在节日消费上就存在差异。租界内的居民受西方文化影响更深，节日消费更具西方特色；而华界的居民则在保持传统节日消费的基础上，逐渐接受一些西方的节日消费方式。社会阶层上也是分层明显，上层社会的人在节日消费上更加注重品质和品牌，他们会购买昂贵的进口商品、定制高档的服饰，去高级的餐厅和娱乐场所消费。而下层民众则更倾向于购买价格相对低廉或者是物美价廉的商品，比如购买一些简单的节日食品、饰品等。

▲ 20 世纪 30 年代，上海湖心亭“柳花茶馆”和之字桥节日迎客

纵观整个江南地区，除作为通商口岸的上海之外，民国时期的传统节日消费氛围浓厚，重视祭祀与仪式用品消费，江南地区的民众在传统节日，非常注重祭祀祖先和神灵等仪式，因此在节日前夕，民众会购买大量的香烛、纸钱、祭品等祭祀用品。还得置办丰富的节日食材，节日期间更是会准备各种特色食品。过年前，家家户户会杀年猪、杀鸡鸭，炸肉丸、做冻米糖、炒瓜子花生等，这些食品不仅是自家食用，也是走亲访友的重要礼品。从消费倾向来看，也具有较强的民俗文化特色，成年人比较重视传统服饰，年轻女子更在意装饰品，在一些传统节日，“过年穿新衣”。家里还会购买一些具有节日特色的装饰品，如红灯笼、春联、窗花等，用于装饰房屋，营造节日氛围。江南地区的民间艺术又很发达，如剪纸、刺绣、年画等，节日期间，人们会购买这些民间艺术品，作为装饰或礼品。此外，还有舞龙灯、戏竹马、划彩船、舞狮子等民间表演活动，民众会为观看这些表演支付一定的费用。

苏南许多地方称家庭主妇为当家过日子的“家主婆”，家主婆是节口消费的主力军，但她们已经不在意虚荣，更多地注重消费的实用性与经济性。节日期间，也会购买一些日常用品，如锅碗瓢盆、布料等。这些商品的消费以实用性为主，人们会根据自己的需求和经济实力进行选择。在一些相对偏远或经济不发达的地区，人们会在节日期

▲ 1937 年 7 月 16 日，江南丝绸商人家引进了一台风琴式老式收音机，上有巨型脸盆式喇叭，用蓄电池提供电源

▲ 1949 年 2 月春节之前，南京街头数钱的中年男子

间自己动手制作一些食品和物品，以减少消费支出。同时，邻里之间也会互相帮助，共同完成一些节日的准备工作，如一起制作年糕、腌制咸菜等。

节日里的休闲娱乐也呈现消费多样化的状态，城镇生活的居民喜欢看电影和戏剧。电影作为一种摩登消遣，吸引了大量的观众，而传统的戏曲如京剧、越剧等也拥有广泛的受众群体。公园是人们节日休闲的好去处，游艺场也是热门的娱乐场所，能够满足人们的娱乐需求。江南地区有着悠久的茶文化，节日里，茶馆更是人们聚会、聊天、休闲的重要场所。民国时期节日旅游消费也逐渐兴起，一些富裕家庭会选择在节日期间外出旅游，到周边的城市或风景名胜区游玩，不仅能够放松身心，还能够增长见识，体验不同的文化和风情。

有谁堪语猫为伴

——宠物豢养

“宠物”指人们为了精神需求，而不是为了经济目的而豢养的动物，如满足主人陪伴、观赏、情感寄托等方面的需求。在《现代汉语词典》中的解释是：“指家庭豢养的受人喜爱的小动物，如猫、狗等。”

随着人类自身物质文化和精神文明程度的不断提升，人们对自然界里的动物也有更加深刻的认知，同时逐渐在意小宠物对于人类生活的影响。长期的封建社会中，在儒教文化的影响下，人分三六九等，等级观念深入人心，传统文化中缺乏对弱小者的悲悯之心，对于狗、猫这些小动物，它们的作用就是看家护院或者捕鼠，因此可以随意虐待与杀戮。中国人旧时的狗文化里完全忽略了狗的“忠诚”“朋友”这些属性，与西方人有着许多文化差异。

近世以来，西方传教士是较早进入中国的群体之一，他们在中国生活期间，保持着养宠物的习惯。他们经常带着宠物狗、宠物猫等，

▲ 身穿华美旗袍的两位富商千金大小姐带宠物狗在公园游玩时合影照

在教堂和住所周围活动，这种与宠物亲密相处的日常行为被中国人所看到和了解，这在一定程度上引起了中国人的好奇和关注，逐渐让一些中国人开始接触和了解西方的养宠习俗。一些与传教士有接触的中国人，通过与西侨的交流，了解到西方养宠物的文化内涵和意义。西方人养宠物习俗的传播，让一部分中国人也开始尝试接受养宠物。中国人对动物的看法逐渐从单纯的工具性的役使（如看家护院、捕鼠）转变为情感性的陪伴。

清末民国社会，西方的文学作品大量传入中国，一些作品中详细描述主人公与宠物狗的互动、宠物狗对主人的忠诚等情节，这些作品使中国人对西方养宠物的观念和行为有了更多的了解和思考，加之电影中经常出现西方人带着宠物狗散步、玩耍的场景，以及宠物狗在家庭中与主人温馨相处的画面，这些直观的视觉呈现给中国人留下了深刻的印象，让中国人感受到了西方养宠文化的魅力，在一定程度上激发了部分中国人养宠物的兴趣。

▲ 牵着猎犬的女子，看到这两只猎犬就可以知道该女子的家境殷实

中国人开始养宠物，起初也许是一些外国商人将自己的宠物带到中国，后来逐渐出现了专门的宠物贸易。一些西方的宠物开始被引入中国，一些名贵的犬种、猫种等开始进入中国市场，这些宠物外形可爱、品种独特，吸引了一部分中国富人的关注，他们开始购买和饲养这些西方宠物，从而推动了西方养宠习俗在中国的传播。既然养宠成为日常生活的一部分，那与宠物相关的用品，如宠物食品、玩具、窝具等也随着贸易进入中国，为中国人养宠物提供了物质基础和便利条件，促进了中国人养宠物的行为。人们在购买和使用这些宠物用品的过程中，也逐渐接受了西方的养宠方式和理念。

▲ 影星阮玲玉的人生只有 25 个年头。她生前与宠物的合影

民国文人丁宁曾经撰写过《鹧鸪天》云："湖海归来鬓欲华，荒居草长绿交加。有谁堪语猫为伴，无可消愁酒当茶。三径菊，半园瓜，烟锄雨笠作生涯。秋来尽有闲庭院，不种黄葵仰面花。"这首词体现了作者在经历世事之后，以猫为伴的生活状态。将猫视为可以倾诉的对象，凸显出宠物猫在作者生活中的陪伴作用，也从侧面反映出民国时期一些文人在动荡生活中从宠物身上寻找慰藉的心境。

清末民国时期的上海，一些达官贵人所养宠物多为从国外引进的珍稀品种。例如，一些名贵的犬种如阿富汗猎犬、英国斗牛犬等，通常是通过外国商人或者私人渠道从西方国家引入，引进这些珍稀宠物的过程不仅需要花费大量金钱，还涉及复杂的运输和检疫手续，这无疑是一种财富的象征。这些富豪群体不惜重金购买纯种宠物，以显示自己的经济实力和对高品质生活的追求。他们会在社交场合谈论自己宠物的纯正血统，就像炫耀自己的名车、名表一样。

尽管一些人带着名贵宠物出席社交场合等，但从整体来看，大多数人养宠物的主要目的还是基于陪伴和消除寂寞的精神需求。像宠物狗，不管主人是开心还是难过，它都会热情地迎接主人回家，这种简单而真挚的陪伴对于缓解人们的孤独感非常有效。在人们的闲暇时间里，遛狗的过程不仅是宠物的运动时间，也是主人放松身心、接触外界的机会。人们在和宠物相处的过程中，如给宠物喂食、洗澡和训练宠物等活动中，可以让自己的生活更加充实，从而减少寂寞的感觉。

▲ 20 世纪 30 年代，上海一个养宠物的男子遛狗的情形

▲ 20 世纪 40 年代，上海，一个西方妇人正在遛狗，旁边是拾荒的流浪少年

第五章

欢天喜地过大年的新春往事

春节就像一个强大的磁场，将家庭成员从四面八方吸引回来。“有钱没钱，回家过年”，这种团聚的氛围可以增进家庭成员之间的感情，让人们感受到家庭的温暖和归属感。在江南，民众最重视一年一度的春节，俗称“过大年”。

节前的准备工作，谓之“忙年”，腊月里掸尘，家家户户都会进行彻底的清扫，称为“掸檐尘”，寓意扫除过去一年的晦气和尘埃，以崭新的面貌迎接新年。随着年关临近，集市变得格外热闹。人们纷纷前往集市采购年货，如各种食材、春联、年画、香烛、鞭炮等。南北杂货在市场中应有尽有，商家们也会提前储备货物以满足人们的需求。

送灶就是祭祀灶王爷，上海以及江南吴地，将除夕夜叫“大年夜”，除夕的前一天则叫“小年夜”。除夕这天，一家人会围坐在一起吃年夜饭，这是一年中最重要的团圆饭。菜品丰富，且有些菜是必备的，如猪头用于祭祖，年糕寓意年年高，鱼寓意年年有余，蛋饺形似金元宝。吃饭时规矩也多。吃完年夜饭，一家人会围炉团坐，通宵不寐，称为“守岁”。守岁时，人们会在堂屋里聊天、吃零食，听长辈讲述家族故事。小孩子则会收到长辈给的压岁钱，寓意平安健康成长。为了象征新年的好兆头，家里会点上“守岁烛”，灯火彻夜不灭。

正月初一早晨，人们会穿上新衣，放鞭炮开大门，然后先到祠堂拜祖宗，再向家族中的长辈拜年。见面时会互相说吉利话，送上新年的祝福。新春里的兴奋一直延续到正月十五元宵节，在灯会中达于高潮后落幕。

过大年也有一些特殊的习俗与禁忌，如正月初一忌扫地、忌做针线、忌向外泼水，因为这一天是百物生日，应让百物休息；初三忌向活人拜年；初七晚上妇女忌做针线；正月初七以前，禁忌响锣鼓。民国时的江南，有的地方除夕夜会将全鸡洗净后在鸡的肛门内塞鸡蛋一同蒸熟，然后将熟蛋在孩子嘴边滚动数圈，并说“鸡尾股嘴说话不灵”，这样孩子在新年中不小心说了不吉利的话也可以不算数。

总之，清末民国时期江南的过年习俗丰富多彩，既充满了欢乐喜庆的氛围，又承载着人们对美好生活的向往和对传统文化的传承。

▲ 民国时期江南人家祭灶神，灶王爷与灶王奶奶在神龛中并列

▲ 岁末送灶谢年。图为上海郊区人家的“三眼灶”

岁末江南祭灶时

——江南小年

现在许多人都说腊月二十三为“小年”，其实，风俗习惯是讲究地域性的，百里不同风，千里不同俗。所谓“民俗”，就是一种文化认同，腊月二十四“祭灶”，“过小年”是北方的习俗。江浙一带，特别是上海、苏锡常、杭嘉湖等吴方言区，原本并无“过小年”的习俗，送灶就是祭祀灶王爷，上海以及江南吴地，只有将除夕夜叫“大年夜”，除夕的前一天则叫“小年夜”。

先说“送灶”，宋代孟元老《东京梦华录》卷十云：腊月二十四“帖灶马于灶上，以酒糟涂抹灶门，谓之醉司命。”其俗极简。因时代和地域的不同，腊月送灶，也称“祭灶”，这个习俗的名目仪式，得到了广泛的传播，并且越来越繁复。

宋代《东京梦华录》说送灶是在腊月二十四，南北各地都是腊月二十四这天祭灶神。到了清代出现了差异，北方在腊月二十三，江南则在腊月二十四，为何会差一天？有人说“官三民四”，实际上流传也出于偶然。清雍正年间，腊月二十三，雍正帝在坤宁宫祀神，为了节省开支，祭祀诸神，雍正说，顺便把灶王爷也一齐拜了，王族随之效仿，传到民间，王室是腊月二十三，遂有所谓“官三民四”的差别。受官家影响，北方民间也逐渐演变为腊月二十三祭灶，而南方仍遵旧习。

▲ 上海小校场《定福宫五子灶君纸马》，图中灶君端坐于定福宫正中，左右有鱼，下绘有“五子夺魁”形象

郑玄注《礼记·记法》说：“（灶神）居人间，司察小过，作谴告者也。”这说明至少到汉代，灶神已经具有侦查人民的过错并进行报告的职能。同时也暗示，祭灶在当时已经成为一种普遍的民间活动。《晋书》卷十九《礼志》上记载，祀灶这一活动最终被确定为国家仪轨是在汉朝，汉武帝“以李少君故，始祀灶”，并规定“立夏祀灶”。东汉班固在《白虎通义》卷二《五祀》解释说，夏天属火，是生养万物的时节。而灶神则是主掌火的神仙，人们在夏天祭灶神是希望能得到神仙的保佑而得到身体和运气上的滋养。

后来祭灶活动被安排在腊月，这还要归功于《搜神记》中记载的一则故事。故事说，汉宣帝时有一人叫阴子方，做人孝顺、仁恩，腊月小年这一天早晨他做饭的时候看见灶神显形，于是把家中黄羊杀了用来祭祀。从此后，阴子方交了好运，身家巨富，并且恩荫三代之后。杀黄羊祭灶的风俗就此流传下来，腊月祭灶的习俗也开始逐渐形成。民国时期，鲁迅写过一首小诗《庚子送灶即事》：“只鸡胶牙糖，典衣供瓣香。家中无长物，岂独少黄羊。”诗中提到了封灶神口的“胶牙糖”，还有“黄羊”都是和祭灶有关的风俗。“黄羊”一词，在一定程度上直接成为了祭灶的代称。

南宋范成大《腊月村田乐府十首其三祭灶词》云：“古传腊月二十四，灶君朝天欲言事。云车风马小留连，家有杯盘丰典祀。”范成大是苏州人，讲的自然是吴方言区的习俗。吴俗祭灶，《吴县志》谓祀灶必用糯米粉团、糖饼，俗谓此二物胶粘性强，可胶粘住灶神之口，这是以贿赂方式堵住灶神之口，使之不言此家过失的谑言。糖饼即麦芽糖，所谓胶牙饧，便是此物。各地祀灶，普遍用此物，非吴地独然。糖饼制成元宝状，便是《清嘉录》所谓的糖元宝。

▲ 清末民国上海民间灶神爷与灶神奶奶画

既然江南没有“小年”之说，那么，吴地过年习俗，除夕是“大年夜”，除夕前一夜则称“小年夜”。究其原因，一种说法，男女婚嫁后，已经出嫁的妇人当然是在男方家里吃团圆饭、守岁，在除夕的前一晚，男方会在这一天去女方父母家中团聚，和和美美，共享天伦之乐，于是就有了“小年夜”之说；还有一种说法，过去人丁多，兄弟各自成家后难得在一起过年守岁，于是一大家子错开过年，长幼有序。老大年三十，老二年二十九，老三老四依次往前推一日，久而久之，有地方特色的“小年夜”习俗形成了，虽说是小年夜，与大年夜一样隆重丰盛、祥和欢乐。

同样在江南的古城南京，也有地方把正月十五元宵节叫作“小年”。不管是“过小年”还是“小年夜”，都是欢天喜地过大年的组成部分，每一年都会有精彩瞬间，留下每个人对生活的回味与畅想。民俗的地域差异，也提醒我们要尊重不同地区的文化传统和风俗习惯，保护和传承各地的文化遗产，促进不同地区之间的文化交流与合作，共同促进中华文化的繁荣和发展。

▲ 20 世纪 30 年代，上海乡下农妇祭灶情形

▲ 晚清时期上海的年货市场，给人一种十分热闹的感觉

挈篓提篮市货忙

——年货市场

民国时期安徽歙县拙厂氏作《旧俗竹枝词》，其中有一首描写岁末年货市场的："家家岁暮费思量，挈篓提篮市货忙。除夕深宵犹未了，灯笼接踵遍街坊。"描述了一般人在街衢巷陌间采购年货的情景，人们到了岁末都在用心准备年货，提着篮子到处采购，一直忙到除夕深夜，街上仍然灯笼接踵。这首竹枝词让人想象在岁末这个特殊时期，江南民众采购各种年货，为新年做准备的热闹情景。

岁末年货市场主要集中在城镇的中心地带，如县城的十字街、码头附近或者古镇的主要商业街。市场范围往往会随着年关的临近逐渐扩大，一些平时不用于摆摊的空地也会被临时占用，形成连绵一片的集市。如江南名镇乌镇有东栅和西栅之间的一条街道，平日里只是普通的商业街，但到了年关，街道两旁的店铺会将商品摆到门外，还会搭出许多临时的摊位，从街头延伸到巷尾，绵延数百米。

为了迎接新年，年货市场被装点得红红火火。店铺的门窗上贴着鲜艳的春联和福字，挂着红灯笼。街头巷尾有小贩在售卖各种手工艺品，如剪纸、年画等，上面通常是福禄寿三星、连年有余的鲤鱼、招财进宝的童子等形象。空气中弥漫着各种食物的香气，有炒瓜子、花生的香味，蒸年糕的甜香，还有腊肉香肠的咸香，混合在一起，让人还没进入市场就感受到了浓浓的年味。

年货市场，顾名思义就是专门为民众过年设立的市场，年货食品是主角，基础商品是糯米粉、面粉等粮食，人们要制作年糕、汤圆等传统食品。年糕摊位前总是围满了人，有刚蒸好的年糕，热气腾腾，还可以看到制作年糕的过程。年糕的种类多样，汤圆也有多种馅料，如芝麻、豆沙、荠菜鲜肉等。此外，还有各种传统糕点，如定胜糕，这种糕点外形小巧，呈淡红色，口感软糯，中间夹着豆沙馅；梅花糕也是人们喜爱的糕点之一，上面点缀着红枣、果仁等，形似梅花，香气扑鼻。

▲ 20 世纪 20 年代，苏南地区每逢岁末年货市场，乡人会聚，购买年货

▲ 1939 年 2 月 17 日大年廿九春节前夕，江苏扬州街头卖年货玩具的商贩及民众

腊肉、腊肠、腊鱼等腊味制品是江南年货市场的一大特色。这些腊味挂在店铺的门前，一串串色泽红亮。有的是用松柏枝熏制的腊肉，带有一股特殊的清香；有的则是用酱油等调料腌制后晾晒而成。腌制品除了腊味，还有腌白菜、腌萝卜等，这些腌菜是冬季餐桌上的家常菜，可以用来煮汤、炒制等。此外就是坚果与零食，瓜子、花生、核桃、蜜饯等，是人们过年时消费的必备品。像苏州的蜜饯——蜜枣、青梅干、金橘脯等，酸甜可口，是老少皆宜的零食。

市场上的布料和成衣摊位也很热闹。成衣的款式多样，既有传统的中式长袍马褂，也有一些受到西方影响的新式服装，如旗袍改良后的款式、西式的衬衫等。布料有丝绸、棉布等多种材质，丝绸面料光滑柔软，颜色鲜艳，多用于制作女性和儿童的衣服；棉布则更加实用，是制作普通男装和内衣的常用材料。春联摊位上，摊主会现场书写春联，根据顾客的要求选择合适的词句，字体或端庄秀丽，或苍劲有力。年画的内容也是丰富多彩，除了传统的神话故事、戏曲人物外，还有一些带有时代特色的事物，如描绘城市风景、新式交通工具等。香烛是祭祀和过年期间照明用的，有粗有细，红色的蜡烛上还会印有吉祥的图案。至于日用杂货、锅碗瓢盆、扫帚、簸箕等也是一应俱全。

年货市场的交易情景又是嘈杂和生动的，采购年货的人群形形色色。卖家们热情地招揽顾客，大声吆喝着自家商品的优点，卖年糕的

▲ 民国时期年货市场上卖红薯和罐头的女孩

▲ 20 世纪 30 年代上海的一个年货市场

会喊道："刚出锅的年糕嘞，又香又糯，过年吃年糕，年年高嘞！"顾客们则在摊位前穿梭，仔细挑选商品。他们会和卖家讨价还价，尤其是一些主妇们，很会为了省几文钱和卖家争执一番，而卖家也会适当做出让步，毕竟过年大家都想图个吉利，和气生财。

清人孙兆彦写过一首描写老街年货市场的竹枝词："残冬收拾过新年，花店看花耀眼鲜。儿女情怀豪侠气，不妨吊古玩龙泉。"诗中虽重点写的是花店看花，但"残冬收拾过新年"的背景以及人们的活动，也能让人联想到在岁末这个特殊时期，人们除了逛花店，也会去采购其他年货，为新年做准备，从侧面烘托出了岁末年货市场所在的老街的热闹氛围。

有了梅花便过年

——岁末清供

"清供"，这个词最初是指放置在案头供观赏的物品摆设。"清"有清雅、高洁之意，这些供品通常是具有文化内涵和审美价值的东西，如金石、书画、古器、盆景、花卉等。它不仅仅是简单的物品陈列，还蕴含着深厚的文化底蕴和审美情趣。

在表述上常常会有"岁末清供"和"岁朝清供"，哪一种说法准确呢？其实两种说法都准确，只是时间节点和侧重点略有不同。它们都是中国传统年俗文化与文人雅趣相结合的体现。如果要严格区分，“岁末清供”更偏向于年前的准备阶段，人们布置室内环境，用清供来慰藉一年的辛劳，迎接新年；“岁朝清供”则精准地指向新年第一天的陈设，是新年庆祝活动的一部分，其展示的物品和寓意与新年的喜庆氛围紧密相连。因两者所涉及的物品和目的在很多方面是相通的，都是利用文雅的陈设来表达对年节的美好期待。清末民国的画家王梦白有诗云：“客况清平意自闲，生来淡泊亦神仙。山居除夕无它物，有了梅花便过年。”此诗描绘了山居之人在除夕时，没有其他奢华的物品，只需有梅花作为清供，便能感受到清平、闲适的意境，如同神仙般自在，表达了一种淡泊宁静的生活情趣和对岁末清供的独特理解。

▲ 宋代以来烧香、点茶、挂画、插花这样的雅趣已逐渐融入江南民众生活，后来还形成了如“岁末清供”的习俗

▲ 民国时期《图画日报》“营业写真”上的卖冬青、柏枝和南天竹、蜡梅的介绍

“岁末清供”是在年末之时，人们精心挑选和布置这些物品，一方面是为了装饰家居，增添节日的文化氛围；另一方面也有祈福、迎春的美好寓意。物品选择大致有花卉绿植、果蔬摆件、文玩书画，还有一些古代的青铜器小摆件，如小鼎、小尊等，虽然尺寸不大，但造型古朴，增添了文化气息。例如，水仙花是江南岁末清供用得较多的花卉。水仙在冬季开放，花朵洁白清香，造型优雅。人们会将水仙球茎养在精致的瓷盆或陶盆中，用石子固定，注入清水，摆在案头、窗台等位置。除水仙外，还有蜡

梅，蜡梅的金黄花朵在寒冬中绽放，香气馥郁，折下几枝插入花瓶，与水仙相互映衬，增添了冬日的生机与雅致。具有吉祥寓意的果蔬也会用于清供。例如，橘子象征着吉祥如意，人们会挑选几个色泽鲜艳、形状饱满的橘子放在盘中。还有佛手，佛手形状奇特，似手状，其名又带有“佛”字，被认为有佛佑之意，将其与其他花卉搭配摆放，别有一番趣味。文人的书桌上，会摆放一些文房四宝，如精致的砚台、毛笔等。一些小型的书画作品也会被装裱起来展示，内容可能是描绘岁寒三友（松、竹、梅）的画作，或是书写新春祝福的书法作品。

▲ 晚清女子妆容精致、衣服考究，过年时也没有忘记小圆桌上放置两盆清供

当然，岁末清供中的每一个物品都承载着人们对新年的美好祝愿。水仙、蜡梅等花卉象征着高洁、坚韧，寓意在新的一年里能保持高尚的品格；橘子、佛手代表着吉祥、福气，希望新的一年家庭幸福美满、吉祥如意。文人通过这种清供的方式，将自己的期望和情感融入其中。摆放与室内布置，色彩和形状的搭配也是有讲究的，岁末清供一般会放在客厅、书房等主要房间。在客厅的八仙桌上，会放置一个大型的花卉组合清供。以一个精美的青花瓷瓶为中心，插着蜡梅、南天竹等，旁边摆放着装有橘子、佛手的果盘，周围再点缀几个小的文玩摆件。在书房的书案上，则以简洁为主，可能是一盆水仙，搭配一方好砚和几支毛笔，旁边放着一本翻开的古籍，展现出文人的雅致生活。在整个过年期间，家人和访客都会欣赏这些清供，这也成为了一种文化交流和传承的方式，大家在欣赏的过程中感受传统节日的文化内涵。

▲ 民国时期水仙、梅花、佛手，还有桂花、玫瑰、玉兰都经常为清供所用

从文化角度看，清供体现了中国文人的审美观念和生活哲学。它是文人对高雅生活的追求，通过对这些物品的选择、布置，展现文人的品位和心境。例如，在选择花卉作为清供时，文人往往偏爱梅花、兰花、菊花等具有象征意义的花卉，梅花象

▲ 1912 年春，一个上海女人与书案前的清供

征坚韧不屈，兰花代表高洁典雅，菊花体现隐士情怀。这些花卉与文人的精神追求相契合。

岁末年初，人们会产生对时光流逝的感慨和对新年的期待。清供就成为他们寄托这种情感的一种方式。人们通过清供营造出一个宁静、雅致的小环境，使自己从纷扰的外界事务中暂时解脱出来。岁末清供中的物品很多都承载着传统文化，在新旧交替之际，从文化根源中汲取力量，稳定情绪，以更积极的心态面对未来。

对纸门神换户鲜

——春联门神

年年过春节，家家都要贴春联门神。真正意义上的对联始于何时，尽管学界仍有争议，但“始于五代蜀主孟昶”之说，似乎是影响最大的。《宋史》记载云：“孟昶每岁除，命学士为词，置寝门左右。末年，学士辛寅逊撰词，昶以其非工，自命笔题云：新年纳余庆，嘉节号长春。”到了宋代，春节贴春联相当兴盛，王安石《元日》诗云：“爆竹声中一岁除，春风送暖入屠苏。千门万户曈曈日，总把新桃换旧符。”到明代，开国皇帝明太祖朱元璋在南京建都之后，曾下令：除夕之日，各个公卿家，门上都要加贴春联一副，这时的春联已经是写在红纸上了。起初，春联只限于官府门第，后来一般平民百姓家也都张贴起来了。清末苏州人周宗泰《姑苏竹枝词》：“学书儿童弄笔勤，春联幅幅卖斯

▲ 20 世纪 20 年代，上海的春联、门神画市场，在过年前总是吸引许多顾客关注的目光

▲ 1935 年《东方杂志》上刊登新年一位男子带着女儿在大门上贴春联

文。人来问价增三倍，不使鹅群笼右军。”当时学书的儿童勤奋书写春联并售卖的场景，展现了春联在人们生活中的普遍性和商业性。

至于门神传说，《山海经》中度朔山的故事是门神起源的一个重要源头。传说东海里有座度朔山，又名“桃都山”。山的出口，有一桃树枝梢挡着，似一扇天然的大门，由神荼、郁垒两位神人把守，他们负责检查和统领众鬼，一旦发现有害人的恶鬼，就用苇索将其捆绑，送去喂虎，反映了当时人们对恶鬼的恐惧和对驱鬼力量的想象，神荼、郁垒也因此成为最早的门神形象的代表。上古的周朝有“祀门”仪式，人们通过祭祀门神来祈求平安，这种仪式观念为门神画的产生奠定了一定的思想基础。汉代人笃信神仙鬼怪之说，贴门神的习俗在民间开始逐渐传播。神荼、郁垒的形象也被描绘在门上，以驱鬼辟邪。唐代起，秦琼和尉迟恭就成为了广为人知的门神形象。宋代，随着市民阶层的崛起和文化的世俗化，门神画更加普及，明清时期是门神画的繁荣时期。在明代，门神画的制作中心主要在苏州、天津等地。苏州的桃花坞木版门神画和天津的杨柳青门神画都非常有名，门神画的题材更加丰富多样，除了武将门神，还有文官门神、童子门神等。

清代江南出现了地方特色门神，如南宋时期抗金名将岳飞，忠君爱国、英勇无畏的岳飞被尊为门神，张贴岳飞的画像不仅有驱邪的寓意，还表达了人们对英雄的崇敬和纪念，以及对正义、勇敢精神的追求。被道教吸收为36部雷神之一的温琼，其祖籍是浙江温州，也是常见的门神形象之一，具有驱邪、保平安的象征意义。

▲ 1946 年上海一位老者为大家写春联

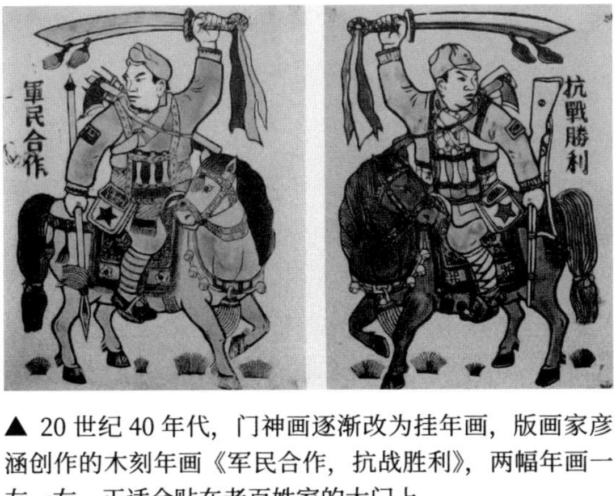

▲ 20 世纪 40 年代，门神画逐渐改为挂年画，版画家彦涵创作的木刻年画《军民合作，抗战胜利》，两幅年画一左一右，正适合贴在老百姓家的大门上

清末民国时期，木刻印刷技术在江南发展到了较高的水平，艺人选用优质的木材，雕刻出门神的形象图案，门神画线条刚劲有力、图案清晰，具有浓郁的艺术风格。苏州桃花坞木版年画中的门神，就是采用木刻印刷工艺制作而成，色彩鲜艳、构图饱满，具有很高的艺术价值。清末民初，上海木刻年画主要集中在上海老城厢的旧校场及北门街一带，旧校场，上海人俗称“小教场”，原本是

建于明代上海县城的一个演武场，因邻近热闹的城隍庙，制作和销售民俗用品的商人纷纷来此开设店铺，逐渐成为小教场木刻年画的重要生产与销售区域。1860年左右，苏州不少桃花坞业主和工匠来到上海，在小校场重操旧业，促使这一带的年画市场迅速繁荣起来。后来，上海引进的石印印刷技术对苏州桃花坞年画产生了巨大的冲击，是桃花坞年画衰落的重要原因之一。

▲ 20世纪40年代，苏州桃花坞年画《一团和气》很受人们喜爱

江南地区水网密布，气候潮湿，人们认为容易滋生邪祟，民众相信张贴门神可以驱赶邪恶，保护家人的安全和健康。清末民国牛树梅《竹枝词》中有关于门神的描述：“对纸门神挨户鲜，都从除日说新年。火光缭绕初更候，村外家家接祖先。”这里的“对纸”即是春联，诗中写出了过年时家家户户张贴春联和门神的喜庆氛围，以及在除夕夜祭祀祖先等传统习俗。人们希望在新的一年里，家庭和睦、事业顺利、财源广进，张贴门神是一种祈求神灵庇佑的方式，因此，张贴门神画的时间，一般在除夕当天的白天。人们认为这个时间段阳气较盛，能够让门神更好地发挥驱邪护宅的作用，也象征着新的一年阳气充足、吉祥如意。门神要贴在大门上，左右对称。两张门神画像的“朝向”需相对，而非相背，以体现两位门神“守护门户、内外呼应”的寓意。

椒盘守岁阿戎忙

——守岁时光

大年三十晚上是除夕之夜，江南各地，无论城镇还是农村，人们都特别注重年夜饭，也叫团圆饭，这是一年中最重要的一顿晚餐。为了这顿年夜饭，许多人家差不多腊月里就准备起来了，从农历腊月二十四家家户户的“送灶”起，磨米粉、包汤圆、贴春联、购年画……整个过程叫“忙年”，到除夕之夜，迎新年的“守岁”也就进入了高潮。

守岁时光，前期准备，包括贴春联、换门神、贴桃符等差不多腊月里都完成了。春联以工整、对偶的文字表达美好愿望，为节日增添喜庆气氛；门神则用于驱邪避鬼，守护家宅平安。这些装饰不仅具有实用价值，还承载着人们对新年的期盼。有的人家还会在室内用石灰撒在地上画出弓矢戈矛等形象，寓意“辟邪”；取冬青、柏枝、芝麻梗等物插在檐前，因这些植物冬夏常青，象征着对家人健康的期望。

除夕年夜饭之前，会有祭祀祖先的环节，供祖先遗像，遗像前摆放果品等祭品，以表达对祖先的敬意和感恩之情。祭祀完毕后，全家围坐一起宴乐，也称为“合家欢”或“吃年夜饭”。年夜饭是守岁的重要环节，一家人围坐在一起，菜品丰富多样，常包括鸡、鸭、鱼、肉等，寓意着吉祥如意、年年有余。而且这顿饭会吃得比较慢，从掌灯时分开始，有的人家甚至会一直吃到深夜。

除夕夜长辈会给小辈发“压岁钱”。压岁钱通常用红绳穿好，钱的轮廓完美、质厚、大小均匀。长辈们通过这种方式祝福小辈在新的一年里健康成长、平安顺遂。当然对于小孩子来说，半夜熬不住就会打盹睡觉，压岁钱就放在他的枕头下面。

▲ 20 世纪 30 年代，上海年画《除夕合家欢》

守岁时，一家人会围坐在一起聊天、讲故事、玩游戏等，以此消磨时间，等待新年的到来。一些家庭还会在守岁时点燃蜡烛或油灯，通宵守夜。

为什么要“守岁”？相传与“年兽”传说有关，说是上古时期，有一种凶猛的怪兽叫“年”，形貌狰狞，生性凶残，专食飞禽走兽、鳞介虫豸，且每隔三百六十五天就会到人群聚居的地方吃人。人们掌握了“年”的活动规律后，把这可怕的一夜视为关口，称作“年关”。每到这一天晚上，人们提前做好晚饭，熄火净灶，拴牢鸡圈牛栏，封住宅院前后门，躲在屋里吃年夜饭。吃过饭后，谁都不敢睡觉，挤坐在一起闲聊壮胆，逐渐形成了除夕熬年守岁的习惯。还有一个“守岁阿戎”的传说，说古代有个叫阿戎的人，每年除夕都会邀请亲朋好友到家中守岁，大家围坐在一起，点着蜡烛，聊天守夜，分享过去一年的故事和对新一年的期望。这个故事后来演变成了一种习俗，人们在除夕之夜相互邀约守岁，珍惜这新旧交替的时刻。

其实，人们心里明白，“年”是什么？就像一棵大树，过一年它就增添了一圈清晰的年轮；也像一本厚重的台历，掀起一页，过去的日子就成为过往。小时候盼过年，因为祝福声中又意味着重新开始。往事如风，无影无踪。只剩一抹回忆在心头。这些习俗和故事反映了一代又一代人对新年的期盼，以及对美好生活的向往，对家庭团圆的珍视，也体现了对中华民族传统文化的传承和发展。

然而，对于成年人来说，“年”还意味着时光飞逝，意味着青春不再，因而也格外珍惜人世间的亲情。“人事有代谢，往来成古今”，人间世事总是有盛有衰，此起彼伏，时间不断地来来往往，就将古今串联了起来，体现了诗人对历史变迁和人生短暂的感慨。清末民初的文人沈曾植作《次樊山小除夕韵》诗云：“如此江山日乍长，椒盘守岁阿戎忙。衣冠阊阖三生梦，瓶钵禅关一炷香。天上星辰还历历，画中人物自堂堂。月明云散须臾事，挈我同游建德乡。”“椒盘守岁阿戎忙”，描绘了守岁的场景，一家人在除夕之夜，围坐在一起，以椒柏酒等祭品摆放在盘中守岁，忙碌中透着温馨与对新年的期待。所谓“阿戎”在古代常用来代指堂弟等晚辈，这里或许是指家中年轻的后辈在守岁时的活跃表现。天上的星辰依旧闪烁，画

▲ 20 世纪 30 年代，上海一户人家，穿上新衣的儿童欢天喜地过大年

▲ 20 世纪 40 年代，春节除夕之夜，一个母亲领着孩子折叠要焚烧给祖先的纸钱

▲ 20 世纪 40 年代，春节除夕之夜，也是一家老小祭拜祖先的时刻

▲ 1946 年，上海一家庭主妇在过年守岁时给孩子发压岁钱

中人物堂堂正正，营造出一种静谧又庄重的氛围，最后表达了对未来的一种向往，仿佛在这守岁的夜晚，思绪已飘向远方的故乡。

一年又一年，每个人都是坐在自己的列车上观看沿途的风景，顺其自然，顺应变化，顺势而为。

▲ 民国时期春节前夕卖爆竹的摊贩

桃符爆竹一年新

——爆竹迎年

江南民众过年放鞭炮，又叫“燃爆竹”，吴语称“放炮仗”，人称“爆竹迎年”，上海话叫“开门炮仗”，这个习俗已经传承了数千年。从古至今，每一代中国人都在过年时放鞭炮，这种传统习俗已经深深地扎根在民族文化的土壤中。长辈会把放鞭炮的意义和故事讲述给晚辈听，让这一习俗得以代代相传。它不仅是一种行为习惯，更是一种承载着丰富文化内涵的传统，体现了中国人对传统文化的尊重和珍视。

清嘉庆年间的上海士人李松林撰写的《放爆竹》竹枝词：“桃符爆竹一年新，佳节元宵得未曾。尽力争奇无别事，侬家扎得采茶灯。”这位清代的学士记录了家乡年俗。民国文人朱权撰《夏历除夕有感》的竹枝词：“新年甫度旧年临，佳节重逢感不禁。爆竹声停忘腊尽，桃符瑞蔼恍春深。帝宫揖让无离黍，民国更张若治琴。愿合五洲联一体，雍雍怀我共和音。”诗人发出的是从清代到民国改朝换代和时历更替的感慨，其中提到“爆竹声停忘腊尽”，也反映出在当时的春节，放鞭炮是一项重要的习俗活动，以至于因节日不让放爆竹，诗人竟感觉忘记了腊月将尽。还有民国诗人杨米人《都门竹枝词》云：“雪亮玻璃窗洞圆，香花爆竹霸王鞭。太平鼓打咚咚响，红线串成压岁钱。”杨米人生动地描绘了春节前的欢乐气氛和景色，将香花、爆竹、霸王鞭、太平鼓等春节元素融合在一起，展现出当时北京春节的热闹场景，其中“香花爆竹”体现了鞭炮在春节庆祝活动中的重要性。

这些竹枝词从不同角度反映了清末民国时期春节放鞭炮这一习俗的普遍性以及其在节日氛围营造中的重要作用。春节放鞭炮到底有哪些重要作用呢？一是它营造了辞旧迎新的喜庆氛围，在清末民国时期的江南，“爆竹迎年”和“开门炮仗”是过年时非常重要的仪式。从除夕之夜到新年伊始，鞭炮声此起彼伏。当旧的一年即将过去，人们通过燃放鞭炮来驱赶“年兽”等邪祟。民众在新旧交替之时燃放鞭炮，是为了告别旧岁的厄运和不祥，迎接新年的好运和吉祥。这种喜庆氛围是全民性的，从城市的弄堂到乡村的小巷，到处都弥漫着鞭炮的硝烟味，大家都沉浸在欢乐的气氛中。这“硝烟味”其实就是年味。

过年放鞭炮，是人们普遍的祈求福运与吉利的心理，上海话中的“开门炮仗”有特殊的寓意。新年第一天打开家门时燃放炮仗，象征着开门大吉。人们相信，响亮的鞭炮声能够惊动天地神灵，为全家带来福运。在人们的观念中，炮仗声越响亮，持续时间越长，就意味着新的一年越兴旺发达。而且，放鞭炮还有招财进宝的含义，就像把好运和财富都“炸”进家门一样。例如，一些商家店铺，在“迎财神”和新年开门营业时都会燃放大量的炮仗，希望在新的一年里生意兴隆、财源广进。

▲ 民国时期卖鞭炮的小摊，鞭炮的品种还真不少

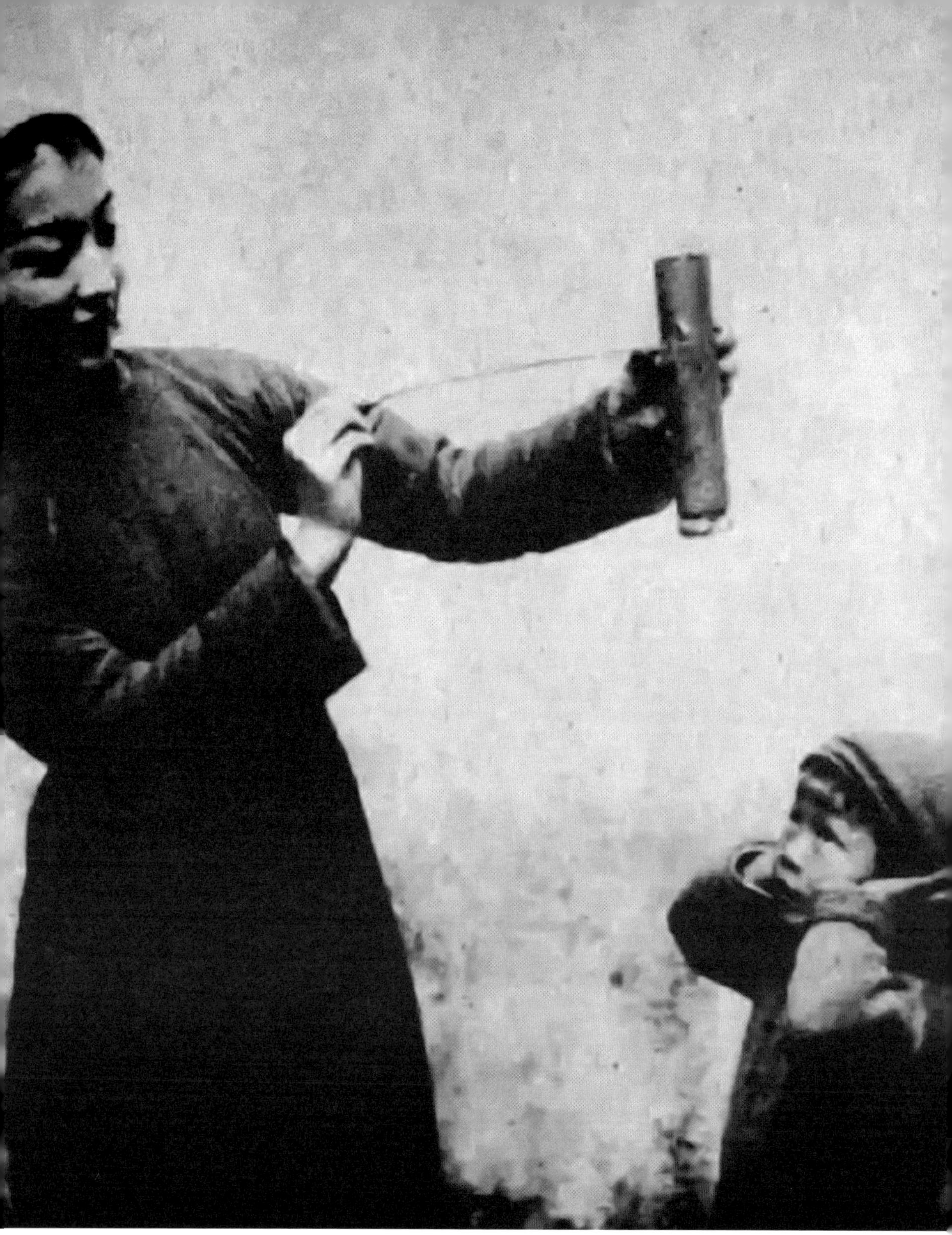

▲ 1935 年，上海的一位母亲与儿子一起放炮仗

放鞭炮通常是一家人共同参与的活动。在除夕之夜，守岁的一家人，等待新年钟声敲响后一起放鞭炮，体现了家族的团聚和邻里礼交的互动。农村地区，相邻的几户人家还会比赛谁放的鞭炮更响亮、更有创意。而在城市里，街头巷尾的鞭炮声也拉近了邻里之间的距离。人们会在放完鞭炮后互相拜年、问候，交流新年的祝福和愿望。这种社交互动使得过年的氛围更加浓厚，也加强了社区和家族的凝聚力。

▲ 1947 年解放区民众过春节，一个小伙子手拎着鞭炮燃放，年味十足

▲ 20 世纪 40 年代，上海街头小伙子放炮仗引来许多看客

那个年代的江南民众相信，爆竹或者叫鞭炮，是与祖先沟通的媒介，在过年期间，人们会祭祀祖先，放鞭炮是祭祀仪式的一部分。鞭炮声可以被看作是一种告知祖先的信号，告诉列祖列宗，新年到了，子孙们在迎接他们回家过年。这体现了中国人慎终追远的传统观念，通过这种方式维系与祖先的情感联系。放鞭炮也是对各路神灵表达敬意的一种方式，祈求神灵在新的一年里继续庇佑全家和整个社区，祈求来年风调雨顺、国泰民安，是传统民族信仰和民俗活动相结合的体现。

“爆竹迎年”和“开门炮仗”是江南地区传统习俗的延续与传承，代代相传，承载着丰富的文化内涵。尽管社会处于变迁之中，但民众依然坚守着这些传统习俗。长辈带着晚辈一起放鞭炮，让年轻一代了解和记住这些习俗，体现了江南民众对传统文化的尊重和珍视。

▲ 20 世纪 30 年代，乡村媳妇回娘家拜年，用口袋背着一双儿女，小夫妻年纪不大，却已经有了两个孩子

▲ 1932 年上海新年音乐会，恭贺新禧

宾主循环一例同

——欢欣拜年

春节期间，人们会穿上新衣，走亲访友，欢欣拜年。在环太湖流域的乡村，大年初一清早，晚辈们就会成群结队地前往长辈家中。他们带着礼品，如糕点、水果、烟酒等。进入长辈家中后，恭敬地行礼，口中说着“新年好”“祝您福如东海，寿比南山”等祝福语。旧时晚辈对长辈甚至要行大礼，就是行跪拜礼，长辈则会热情地招待晚辈，给晚辈发红包，称为“压岁钱”。

平辈之间也会互相登门拜年，互相拱手作揖，道一声“恭喜发财”“新春大吉”之类的祝福语。过春节为什么要拜年？这是因为儒家强调“礼”和“仁”，拜年作为一种社交礼仪，体现了人与人之间的尊重和关爱。人们在拜年时互相表达祝福，这种礼仪文化经过世代相传，成为春节期间必不可少的仪式，承载着丰富的文化内涵。

拜年也是增进家族亲情和社会交往的重要方式。朋友、邻居、同事之间互相拜年，可以加强彼此之间的联系。在城市里，登门拜访时还会互赠名片，这种名片上通常印有自己的姓名、字号、住址等信息，这是晚近出现的一种较为新式的社交方式，尤其在一些文人、商人阶层较为流行。欢欣拜年，祈求新年福运与表达美好祝愿，整个社会都沉浸在欢乐祥和的气氛中。拜年活动是这种喜庆氛围的重要组成部分，人们身着新衣，走街串巷，互相问候，欢声笑语不断，欢乐的氛围、祥和的气氛，能够感染每一个人，让大家都感受到新年的喜悦。

传统的登门拜年方式是维系家族亲情和朋友情谊的重要纽带。通过面对面的交流和互动，人们能够感受到浓浓的亲情和友情。体现了中国传统社会中长幼有序、尊卑有别的伦理观念，晚辈对长辈的尊敬

▲ 20 世纪 30 年代，过年时一个男孩向祖父、祖母磕头拜年

和祝福，长辈对晚辈的关爱和期望，都在拜年的过程中得以充分体现。

▲ 1937 年春节，上海朋友之间的互相拜年，恭贺新禧

近代社会，随着西方文化的进入，传统的拜年礼仪出现了日趋简化的趋向，譬如出现了“团拜”形式，主要是在一些团体、机构或大家族中举行。在一些商会、会馆中，商会成员会在春节期间聚集在一起进行团拜。大家在一个宽敞的场所集合，通常会有简单的仪式。先是由会长或者德高望重的人发表新年致辞，对过去一年的工作进行总结，对新的一年提出期望。然后，众人互相行礼、祝福。在一些大家族中，家族成员众多，也会采取团拜的形式，一般是在家族祠堂或者宽敞的庭院里，按照辈分排列，集体向祖先牌位行礼，之后再按照长幼顺序互相拜年。团拜是一种集体性的拜年方式，它有助于增强团体或家族的凝聚力。在商会等组织中，团拜可以促进成员之间的团结协作，交流商业信息，为新一年的商业活动打下良好的基础。对于大家族而言，团拜则是传承家族文化和传统的重要方式，同时也方便家族成员之间互相认识和沟通，维护家族的和谐稳定。

▲ 20 世纪 40 年代的春节期间，上海老城隍庙九曲桥上熙攘的人流

到清末民国年间，“飞帖拜年”的风气很流行，虽然“飞帖”是“名刺”习俗的流变，但在近代得到进一步发展，在城市中更为流

行。清末邑人秦荣光《上海县竹枝词》：“帖飞贺岁满城红，沪市蓝呢轿雇空。翎顶跟班官样大，问衔多半仗青铜。”当时人们通过送帖子来贺岁，一些有虚衔的富商也会在此时大肆张扬。居住城市，亲戚朋友分布较广，逐个亲自登门拜年既不方便，也无必要。于是，人们就采用送“拜年帖”的方式。这种拜年帖后来又演变为“贺卡”，上面写有祝福的话语、姓名等信息，有的富贵人家的拜年帖制作得相当精美，有专门的店铺负责制作和投递，仆人或者邮差会将拜年帖送到对方家中，以此来代替亲自登门拜年。

张春华《沪城岁事衢歌》中描写拜年情景：“满城裙履此匆匆，宾主循环一例同。卓午出门归路晚，绕阶名纸拾梅红。”这首诗描绘了人们在春节期间互相拜年，送名帖，以至于门口台阶上都是红色的名帖，体现了拜年活动的频繁和热闹。这种拜年方式适应了城市生活节奏和社交需求，体现了当时社会交往的灵活性和便利性。虽然没有亲自见面，但依然能够传达自己的祝福和问候，精美的拜年帖也成为一种展示身份和文化品位的方式，从侧面反映了当时的社会和文化氛围。

踏歌齐上水心亭
——新春游艺

欢天喜地过大年，人们在祭祖宗、拜大年之余，还有大把的闲暇时间，成为社交休闲和娱乐游艺活动的高峰，其中的娱乐游艺活动说不完、道不尽。

文人雅士可以聚在一起举办新春雅集，吟诗作画、谈论学问、交流心得与看法，但这毕竟是小众圈子里的做派。普通民众没有那么高的雅兴，他们更习惯于去茶馆喝茶聊天，三五知己的杯盏小酌，亲朋好友们聚在一起，喝茶、聊天、打牌，分享过年的喜悦。很多人喜欢在过年时到戏园子里听戏，观看戏台上演员们的精彩表演，大户人家

▲ 20 世纪 30 年代，上海新春佳节舞龙，南京路上蜿蜒的中国长龙将过年气氛推向高潮

财力雄厚，过年时会邀请当地著名的戏班到家中唱堂会，主人们坐在前排，一边品尝着茶点，一边欣赏着戏曲，家中的仆人和附近的邻居也都前来观看，整个庭院里坐满了人，让观众们沉浸在剧情之中，仿佛忘却了时间的流逝。

新春庙会也是娱乐游艺活动的大平台。江南小镇几乎是镇镇有庙会，新春里都会举办盛大的舞龙活动。如舞龙舞狮、杂耍、魔术等，一些集市上还有民间艺人如捏泥人、吹糖人等表演与售卖，吸引很多人流连忘返、驻足观看。杂耍艺人表演的场地，艺人表演的顶缸绝技令人惊叹不已，头顶着大缸，还能做出各种高难度的动作，观众们纷纷拍手叫绝。民众在庙会上可以欣赏表演、购买物品、品尝美食，各种小吃摊香气四溢，有卖小笼包的、生煎包的、海棠糕的……庙会集市上人头攒动，商品琳琅满目。人们可以购买到各种年货、礼品、玩具等，还可以感受过年的热闹氛围。庙会上，手工艺品摊上，精美的剪纸、细腻的刺绣、栩栩如生的泥人让人目不暇接。一些小镇更会举办猜灯谜活动，有文人以诗词的形式记录人们猜灯谜时的专注和猜出谜底后的喜悦，灯谜的谜面设计巧妙，既有趣味性又有一定的难度，吸引了众多民众参与。猜中灯谜的人会得到奖励，增添了活动的趣味性和挑战性。

年轻人约上三五知己一起去游山玩水也是不错的选择，江南地区山水秀丽，民众在过年期间会选择到附近的山上或水边游玩。比如苏州的虎丘山、杭州的西湖等，都是人们喜爱的游玩之地。人们欣赏自然风光，放松身心，享受大自然的美好。

新春佳节的年味余兴，一直要延续到正月十五的元宵节，元宵踏歌的场面再度掀起高潮，江南的元宵踏歌活动主要集中在城镇的繁华街道、河边码头以及大型的集市广场等地。踏歌是一种古老的群众歌舞形式，边歌边舞，主要强调的是脚步动作与歌声的配合。上海的老城隍庙、苏州的观前街、杭州的西湖边等热闹区域，到了元宵之夜，张灯结彩，各种花灯形态各异，有兔子灯、荷花灯、走马灯等，将夜晚映照得如同白昼。街边的店铺也都挂上了灯笼，增添节日氛围。

▲ 20 世纪 30 年代春节，上海龙华寺龙墙附近的街头套娃游艺活动吸引了很多游客，也吸引了销售饮料的商家

▲ 20 世纪 40 年代，上海春节街头，耍猴艺人的表演引发围观

元宵踏歌几乎是男女老少都能积极参与的活动。当夜幕降临，明月高悬，人们便开始聚集起来。踏歌队伍往往是成群结队的，他们手挽着手，一边唱歌，一边有节奏地踏步。歌声此起彼伏，曲调婉转悠扬。有的踏歌队伍会沿着街道游行，他们的步伐轻盈，如同翩翩起舞。在行走过程中，队伍还会不断壮大，路人会被欢快的氛围吸引，纷纷加入其中。踏歌的歌词内容丰富多样，有祝福新年的、歌颂美好生

▲ 20 世纪 40 年代，南京路上的保安司徒庙，善男信女们闹猛得不得了，生怕轧不进去

▲ 20 世纪 40 年代，上海新春即景，儿童得到了压岁钱，往往上街浏览新年应景杂耍，购买玩具，很是开心

活的、讲述民间故事的等。在踏歌过程中，参与者是集体性的活动，大家一起唱歌、踏步，动作和节奏相对统一。

元宵踏歌会沿着河道进行。人们在河岸两边点起花灯，踏歌队伍在河边的石板路上行走，歌声和脚步声在河道上回荡。水中的花灯倒影随着水波摇曳，与岸上的人群相互映衬，构成一幅如梦如幻的画面。李行南《申江竹枝词》中有：“元宵锣鼓镇喧腾，荠菜香中粉饵蒸。祭得灶君同踏月，爆花飞接竹枝灯。”生动地描写了沪上元宵时锣鼓喧天、祭祀灶君以及张灯结彩的热闹场景。民国文人龙湫旧隐（葛其龙）在《申江元夜踏灯词》中描绘道：“满天灿烂散流星，禁弛金吾玉漏停。坠翠遗珠浑不觉，踏歌齐上水心亭。”此诗通过对灯会后女子散落满地的钗环的描写，侧面衬托出元宵灯会的人潮涌动，人们在热闹的氛围中尽情游玩。

第六章

民国春运与节日文化

所谓“春运”，是指春节前后一段时期大规模的交通运输现象。大概从20世纪20年代开始，民国铁路已成为大众化交通工具。那时在外地上班、求学的人已经非常多。春节前后，民国铁路客流非常大，铁路当局采取了一些针对性措施，开始了中国近代的“春运”。可那时的铁路主要集中在东北及东部沿海地区，而广袤的内陆，尤其是西南、西北地区铁路稀少。使得铁路无法有效连接全国各个区域，制约了经济的均衡发展和人员、物资的流通。铁路建设技术与设施也很落后，多种不同的轨道标准，如宽轨、窄轨和标准轨距并存。许多桥梁和隧道在建成后不久就出现了裂缝、沉降等问题，影响了铁路的安全运行。铁路车辆与设备陈旧，蒸汽机车是当时铁路的主要动力来源，但这些机车的技术性能落后，功率低、速度慢、能耗高。平均时速只有30千米到40千米，从上海到南京这样的距离在当时需要十个小时左右。

不走铁路走公路，可那时的公路建设乏善可陈，不仅道路状况差，很多公路是土路，晴天尘土飞扬，雨天泥泞不堪。汽车数量稀少，车型也比较老旧，运输能力有限。水运在江南等水系发达的地区较为重要。不过，水运受天气、水流等自然因素的影响很大。轮船速度较慢，行程时间不稳定，而且船上的卫生条件和生活设施也比较差。到30年代，离乡背井，在异乡谋生、求学的人也是数量不少，都心急火燎地希望在春节之前返回农村老家与亲人团聚，春节又是走亲访友的重要节日，还有许多人前往亲戚朋友所在的城市或乡村拜年。加之选择旅游的人群，这些游客的出行也增加了春运期间的交通压力。

到三四十年代，一方面是抗日战争的胶着，兵荒马乱，另一方面是春节文化中新兴文化元素的融入，电影在民国时期逐渐兴起，传统戏剧依然很受欢迎。庙会和集市风气一变，成了传统与新兴文化融合的场所。除了传统的杂耍表演，还可能会有一些西洋魔术等新奇的节目。在一些大城市的上流社会和知识分子群体中，春节期间会举办舞会等社交活动。这些活动带有西方文化的色彩，人们穿着时尚的服装，在舞池中翩翩起舞，展现了民国节日文化的多元性。

▲ 20 世纪 40 年代，排队买火车票情形，回家的路非常漫长，买张车票也是“一票难求”

苦忆江村旧酒楼

——回家过年

民国作家郁达夫是浙江富阳人，1913年9月下旬，前往日本留学，他先在东京的小旅馆居住，后租住于东京小石川区中富坂町七番地的一间楼房，在日本他写下了《日本大森海滨望乡》诗：“海天浩荡望神州，苦忆江村旧酒楼。犹记离乡前夜梦，夕阳西下水东流。”浩荡的海天、记忆中的江村酒楼以及西下的夕阳等，无一不触发作者强烈的思乡情怀，这首诗生动地展现了游子在异国他乡对故乡的深深眷恋。郁达夫还有一首写于他即将离开富阳北上时的诗《题春江第一楼壁》，离别的愁绪如同行装一般沉重，体现了他对家乡的不舍：“匆匆临别更登楼，打叠行装打叠愁。江上青峰江下水，不应齐向夜郎流。”背后也隐含着诗人对故乡的留恋与思念，是一种精神层面上对美好故地的乡愁。

民国时期的江南，无论是有钱人还是普通民众，都有着强烈的回家过年的愿望。尽管路途艰难，但大家都会想尽办法回家与亲人团聚，共同度过这个重要的节日。民国作家李同愈的小说《平浦列车》有段话说：“日子离新年只有一礼拜了，谁不想回家里快快乐乐吃一顿团圆饭？拉车的也好、做伙计的也好、做工的也好，既然大家都有一个家在乡下，一到残年，就本能地想回家去。”这段文字体现了民国时期不同阶层的人临近春节时都想要回家的强烈愿望。

“有钱没钱，回家过年”，这句老话背后体现了中国人根深蒂固的家庭观念。春节是中国最重要的传统节日，回家过年象征着家庭成员在这个特殊时刻的团聚。在外的游子无论是富贵还是贫穷，家庭始终是他们心灵的港湾。这种团聚能够加强家庭成员之间的情感联系，让亲情在面对面的交流和互动中得以巩固和加深。它强调了亲情的重要性超越了物质财富。即使一个人在外面的经济状况不佳，但回到家中，亲情给予的温暖和支持是无法用金钱衡量的。

回家过年是春节众多仪式中

▲ 民国时期的“春运”，坐火车回家过年的人群

▲ 1943 年河南大饥荒的灾民们挤火车回家过年

的核心环节。春节期间有一系列丰富的传统仪式，如祭祀祖先、贴春联、放鞭炮等，这些仪式都承载着人们对新年的美好期望和对传统文化的传承。而回家则是开启这些仪式的前提，它赋予了春节完整的意义。只有当家庭成员齐聚一堂，这些仪式才能在家庭的氛围中顺利进行，才能体现出春节作为传统节日的庄重性和完整性。通过回家过年，人们将春节的文化习俗一代代传承下去。家乡是一份浓烈的乡愁，也是一个人的文化根源所在，人们可以沉浸在熟悉的乡音、乡情、乡俗之中，这种环境能够唤起他们内心深处对本土文化的归属感。在这些文化元素的包围下，人们能够重新找回自己的文化身份，确认自己在传统文化中的位置。

然而，那个年代出一次远门谈何容易，有钱人家通常会选择相对舒适、快捷的交通方式。一些富商、官员等有一定社会地位和经济实力的人，会选择火车头等座，那里座位宽敞舒适，服务也相对较好。大多数普通民众只会选择火车的三等座或者轮船的普通舱位，也有一些人会选择乘坐长途汽车或者步行、骑自行车等方式。由于民国时期交通基础设施不完善，这些交通方式都存在一定的困难和不便。例如，火车的三等车厢通常非常拥挤，座位有限，很多人只能站着。

▲ 20 世纪 40 年代，中国人坐火车，火车头上也站满了归乡客

▲ 1948 年内战期间，百姓和军人争相搭火车离开上海

购买火车票是一件非常困难的事情，火车站的售票制度不规范，售票时间短，常常导致人们需要提前很长时间去排队购票。即使侥幸购得车票，上了火车后，车厢内也是人满为患，空气污浊，环境恶劣。人们挤在一起，几乎没有活动的空间，甚至

连上厕所都非常困难。在漫长的旅途中，人们只能忍受着饥饿、疲劳和不适。乘坐轮船的普通民众，在三四等舱位里也面临着拥挤、嘈杂的环境。由于船上的乘客众多，卫生条件较差，食物和饮用水的供应也可能不充足。同时还可能会遇到风浪，导致船体颠簸，让人们感到不适和恐惧。

对于在外漂泊的游子来说，“回家过年”是一种身份的回归。他们在外地可能有着不同的职业身份和社会角色，但回到家乡，他们首先是家庭的一员，是家乡文化的传承者。这种身份认同的强化有助于人们在多元文化的冲击下，保持对本土文化的自信和忠诚。

年关迫近意彷徨

——年关年景

人们常说“岁末年关”或者“年关将至”，既然是“关”，到底是什么“关”？时间有多长？是不是在正月初一的零点钟声响过，过了大年初一，就算过“关”了？中国文化从来没有那么“精确”，大多时候很是笼统模糊。从民俗学意义上来看，大约从进入腊月二十四“送灶”的日子起，年关就开始了，持续到除夕夜，都算年关。中国人过年图吉利，不能把旧的一年的晦气带到新一年里去。所以在年底欠债还钱，结清债务，算是一种清偿机制，要是把欠的债拖到下一年，会影响下一年的运气。

纵观民国时期，确实存在着严重的贫富分化。一些富人阶层能够享受优裕的物质生活、接受良好的教育、拥有更多的资源和机会，广大的底层民众面临着贫困、饥饿、战乱、疾病等诸多苦难，但他们也在艰难的环境中顽强地生存着，并且有着自己的生活方式、情感寄托和对美好生活的向往。民国是一个复杂的历史时期，不能简单地或者绝对地用一两句话概括整个社会状况，事实上，那个年代也有不少进步力量在为改善穷人的生活状况而努力，如一些社会改革家、慈善家、进步知识分子等。

但对于社会最底层的穷人来说，过年却是一道难关。民国佚名作者作《年关叹》竹枝词："年关迫近意彷徨，债务缠身苦断肠。富户笙歌欢宴处，贫家愁绪满心房。"这首竹枝词生动地描绘了穷人在年关将近时，因债务压力而内心痛苦、彷徨无奈，与富户的欢乐形成鲜明对比，体现出"年关"对于贫困之人的艰难。再如另一首《穷人年关》的竹枝词："寒舍空空腊鼓催，年关渐近苦相陪。囊中羞涩无钱买，唯望新春好运来。"此诗写出了穷人家里空空荡荡，在腊月的鼓声催促下，年关越来越近，痛苦也随之而来。因为囊中羞涩没钱购置年货，只能寄希望于新春能带来好运，反映出穷人过年如过关的艰难处境。

▲ 晚清上海的一群商人和官员，在临近过年时的聚会合影

▲ 1935 年临近新年，一男子正从"多源当"当铺的门中出来

俗话说："财主过年，穷人过关。"民间将过年看得很重，过年如过关，日子也仿佛摁下了暂停键。春运实际上是从民国就开始的，多少背井离乡的游子，"年关"之前要回家，倘若半路上一场突如其来的暴风雪，前不着村后不着店，那种艰辛也是要让人泪目动容的。"年关难过"还真是那么具体而真切。

《辞源》上将"年关"词条解释为"旧时农历年底，债务人应向债权人清偿债务，过年如过关，故称年底为年关"。在中国人看来，"年"隐藏着福祸难料的风险，就如同过关一样，所以称为"年关"是很贴切的。

时间的流逝是均衡的，人类仅有工具性的度量价值，古人的生

▲ 民国时期一位商人在迎年的闲暇时刻制印章

▲ 民国年间一位道士模样的生意人正在与一个富婆进行岁末的交易

存环境很差，科技不发达，生产力水平低下，特别依赖自然环境，“顺应自然节律”，是古代哲人留给后人的教训。时间也像是在高速公路上狂奔，每隔一段里程，就要有一个服务站，停下来歇歇一样，人们的社会生活也是这样，每过一段时间就会遇到一个关键节点，这个“关节点”就是大大小小的节日，人们必须小心加以应对，才能平安度过。

其实，西方人的节日，也有同样的问题，英语称“节日”是holiday，原意是“圣节”；中国《说文解字》说：“节，竹约也。”意味着它原本是每一年的时间循环上的节点，这个节点，可以是平安无事的，也可能蕴藏着凶险莫测的神秘力量，需要人们认真应对，比如古代的各种法术，各种巫术的残余，都是冲淡晦气和破解难关之道。既然宇宙力量如此阴阳莫测、善恶兼具，也说不上好还是坏，那么关键就在于人自身如何有效地应对它。

过年有“年关”，在民国时期，还有其他一些类似的“关”，比如“春关”，对于农民来说，春种的顺利与否关系到一年的收成和生计，所以也可以说是一种“关”。再如“冬关”，冬季天气寒冷，对于一些贫困家庭来说，取暖、温饱等问题可能会变得更加突出。抑或遭遇突发情况（如疾病、意外等），都是道道难关。

基于这种认知，所谓“年关”就不是了断债务那么简单，还应该

▲ 1948 年岁末，金融风潮四起，上海各商店采取“大减价”来推销滞销品，让人感觉时局的迷茫

重视时间的“关节点”——类似于边缘、过渡地带，就像过关一样，需要格外小心。过年标志着原先的一段日常生活告终，踏入新的阶段，而新年更是重大变化，称为“年关”就很好理解了。

春在千门万户中

——新春喜乐

春节也是告别严寒，迎接美好春天的开端，冬去春来，自然环境的变化也给人带来了愉悦。江南的冬季还是很湿冷的，寒风凛冽。当新春来临，大地逐渐复苏，潺潺的流水声仿佛是春天的序曲。田野里，枯黄的草甸下隐隐有新绿冒出，树枝上也绽出了新芽。这些细微却充满生机的自然变化，让民众真切地感受到冬天的严寒正在退去，春天的温暖和希望到来了。

▲ 民国初年新春佳节民众去上海城隍庙烧香的热闹情景

随着气温的回升，人们不再被厚重的棉衣束缚。阳光变得更加温暖而柔和，柔和的光线洒在身上，让人感到无比惬意。这种身体上的舒适感，使得人们心情愉悦。他们走出家门，去感受微风拂面的舒适，去享受春日暖阳的轻抚。在上海的外滩，人们在江边漫步，感受着江风带来的清新气息，看着黄浦江两岸逐渐变绿的植被，内心充满了对春天的喜爱。

▲ 传统社会作为岁首的春节，是官民共享的第一大节。图为《图画日报》的“上海新年之现象·兜喜神”

新春的祭祀习俗也仿佛与春的意象紧密相连，人们除了缅怀祖先，也祈求新的一年风调雨顺、五谷丰登。这些祈愿与春天的农事活动息息相关。春天是播种的季节，人们希望在新的一年，借助春天的生机和活力，获得好的收成。比如在浙江的农村，村民们会在新年的祭祀中，供奉新鲜的蔬菜和谷物，象征着对春天土地肥沃、农作物茁壮成长的期待。

清末民国过渡时期文人叶夑《迎春》竹枝词云：“律转鸿钧佳气同，肩摩毂击乐融融。不须迎向东郊去，春在千门万户中。”诗中描绘了新春时节天地间的祥和之气，街头巷尾人群熙熙攘攘的欢乐场景。作者认为不必特意到乡野去寻找春天，因为春天就在千家万户之中，体现出一种对新春到来、春满人间的喜悦感受。人们盛行结伴去庙中烧香祈福，迎接新春、迎春纳福。

千家万户贴在门上的春联，其内容也大抵蕴含着对春天的赞美和期盼。如“红梅点点绣千山，春雨丝丝润万物”，通过红梅和春雨等春的典型意象，表达了对新春美好的祝愿。许多人家贴上春牛图，描绘着健壮的耕牛在春天的田野里劳作的场景，这不仅是一种装饰，更是一种对春天到来、农事开始的祝愿和祈福。山梅欲放的景象，象征着春天的即将到来，作为向春神东皇的第一份报告，充满了对春天的期待和欣喜，也流露出一种在新春之际对自然变化的敏锐观察和感悟。

新春庙会和集市在江南各地纷纷开展，这些活动充满了春的活力。庙会上，杂耍艺人的表演如同春天的花朵般吸引着众人的目光。舞龙舞狮的队伍穿梭在人群中，龙和狮的形象象征着祥瑞和活力，它们的舞动仿佛是在唤醒沉睡的大地。集市上，各种新鲜的农产品和手工艺品琳琅满目。新鲜的蔬菜瓜果，散发着春天的气息，是大自然在

▲ 民国时期儿童穿新衣，图为穿着花棉袄的一对可爱的小姐弟

新春的馈赠。人们在这样热闹的氛围中，感受着春天带来的生机与活力。过了大年，天气渐暖，有钱又有闲的人还会成群结队地出门游玩，山间漫步，欣赏着漫山遍野盛开的野花；湖边嬉戏，看湖水中倒映着的蓝天白云和岸边嫩绿的垂柳。这种与大自然亲密接触的活动，让民众充分感受到春天的美好，他们的欢声笑语也成为了春天里最美的音符，是对春天最直接的颂歌。

新春喜乐，自然还包含着对现代生活变化的欣喜与适应，民国时期，随着西方文化和商品的涌入，上海作为当时的东方大都市，在春节期间，民众有机会接触和购买到各种洋货。如进口的糖果、精美的西洋饰品等成为新奇的年货；电影、舞会等新的娱乐方式在上海等地流行起来，人们在享受这些新鲜事物的同时，有一种对物质生活改善的满足感。光影交错的电影院和充满活力的舞池中，他们体验到不同于传统戏曲、庙会的娱乐乐趣。这种对新娱乐方式的接受和喜爱，反映出他们对现代生活变化的积极适应和对新鲜事物的好奇与追求。

▲ 20 世纪 40 年代，上海人们敲锣打鼓庆新年，抬财神行街

▲ 1947 年 2 月 4 日，浦东农民观看高跷表演情形

从清末到整个民国时期，社会动荡不安，内有军阀混战，外有列强侵略，民众生活困苦。自然界赐予的每一个新春，仿佛给动荡社会背景下的人们带来了些许慰藉与希望，春节的到来象征着新的开始，尽管生活充满不确定性，但在新年的祝福声中，他们祈祷战争平息、生活安定。这种对未来的憧憬成为他们在困境中坚持下去的动力，新春的喜乐也因此饱含着对美好生活的向往和积极向上的精神。

▲ 1905 年上海城隍庙湖心亭茶楼与九曲桥

茶馆闲居慢煮茶

——孵茶馆店

20世纪20年代，引人注目的长途电话已遍及江南各城镇，电灯在各县小镇也所在多有。这种繁荣发展的程度，“较之西北甘各省，真有天渊之别”“不愧是人间的天堂”。上海的老人新春里喜欢“孵茶馆店”，就是一整天“孵”在茶馆里，“楼耸三层丽水台，品茶争向此间来。玻璃四面窗开处，隔巷红颜笑托腮”，生动地展现了茶馆的热闹景象，三层高的茶楼仿佛丽水台上的一处胜景，人们争相前来品茶，透过四面的玻璃窗，可以看到外面的景象，甚至还有隔巷的女子笑着托腮张望，给人一种充满生活气息的画面感。

新春的茶馆店从一大早就热闹起来，老人们早早地来到茶馆，为的就是占个好位置。茶馆里人头攒动，座无虚席，老熟人相互打招呼、拜年，一片欢声笑语。大家围坐在四方桌旁，桌上放着一壶热茶，热气腾腾，茶香四溢。有的老人喜欢坐在靠窗的位置，一边喝茶一边欣赏街景，感受着新春的气息。

茶馆使用的茶具也相当讲究，老茶客们对茶具的选择有自己的偏好，有的喜欢青花瓷的典雅，有的则钟情于紫砂的古朴。茶馆提供的点心种类繁多，有小笼包、生煎包、糕团、馄饨等。老茶客们会根据自己的口味选择喜欢的点心，点上一笼小笼包，配上一碗馄饨，或者来一份糕团当作茶点，边吃边喝，惬意无比。有些老人还会自己携带一些点心。比如自家做的糕点、瓜子、花生等，与同桌的茶友分享。大家品尝着各自带来的点心，交流着制作方法和口味，增添了不少乐趣。

“吃茶”被认为是“苏州人消闲生活的第一必修课”。这句话在春节期间体现得尤为明显。春节是人们难得的休闲时光，在忙碌了一年之后，大家都希望能够放松身心。茶馆店的闲适环境，缓慢的生活节奏，正好满足了人们的这种需求。人们可以在这里消磨一整天的时间，享受宁静而又充满乐趣的春节假期。

▲ 1917 年的杭州茶馆店里的大茶壶，吸引了许多茶客

周作人这样描述道，每天清晨，苏州全城笼罩在淡雾之中，“小巷里发生了气湿醉人的味道，阳光无力地射在深灰色的建筑上，同时更有一块闪烁的光，反映在被磨光的砖头路，人们开始蠕动了，在小巷中穿行着，闲散的步子，散漫的神情，他们多半是到茶馆去——吃茶”。周作人曾短暂地到过苏州游玩，他感觉苏州城里特别有趣味的，是在“吴苑茶社”所见的情形：茶食清洁，布置简易，没有洋派气

味，固已很好，而吃茶的人那么多，有的像祖母老太太，带领家人妇子，围着方桌，悠悠地享用，看了很有意思。

在郑逸梅的印象中，苏州人平常的消遣，就是喝茶。有闲者大都把吴苑深处作为俱乐部，尽可谈天说地，不愁寂寞。他们谈话的资料，有下列的几种：一、赌经，二、风月闲情，三、电影明星的服装姿态，四、强奸新闻，五、讽刺社会。……一切世界潮流，国家大计，失业恐慌，经济压迫，溢出这些谈话范围以外的，他们就没有兴趣讨论，也就是“莫谈国事”的意思。

茶馆虽然是奢侈性质，可是价钱却十分的大众化，普通一壶茶卖十一二文，讲究些也不过四十文，不限时间、不限人数，大概从早上六点开门营业一直坐到晚上八点关门为止。这就吸引了三教九流各色

▲ 吴语“孵茶馆”就是到茶馆喝茶的意思，一个“孵”字，既表现出品茗的本义，又道出了悠然清闲的心境。图为苏州观前街玄妙观内的三万昌茶馆

▲ 民国时期郊区的“金樽玉”茶馆，吸引着许多人前来喝茶

▲ 图为 20 世纪 40 年代，上海的茶馆情景之一斑

人等，从而构成城乡民众娱乐消遣的一个重要空间。恰如民国时人作竹枝词云：“茶馆闲居慢煮茶，时光静淌似流沙。喧嚣尘世抛身外，独品悠然赏晚霞。”这首竹枝词表达了在茶馆里悠闲地煮茶、品茶的心境，时光如同流沙般缓缓流淌。在这喧嚣的尘世中，仿佛置身事外，独自品味着这份悠然，欣赏着天边的晚霞，体现出一种宁静、闲适的心境。

茶馆也是鱼龙混杂的一番众生相，当时也有竹枝词描述道：“茶馆之中人混杂，三教九流各有涯。谈笑风生论世事，杯茶一盏度年华。”生动地刻画了茶馆里人员的复杂，三教九流汇聚于此，大家为世间的事情谈笑风生，一杯茶便可以度过一段时光，展现出茶馆作为一个社会缩影的特点。但茶馆基本上算是男人的“俱乐部”，很少有妇女和她们的男人一起在茶馆露面。

江南城镇的很多茶馆往往兼有书场的功能。苏州人上半天消磨于吃茶的话，下半天就主要沉浸在书场中了。

▲ 说书艺人在上海街头说书“杨家将八虎闹幽州”，吸引了大批听众

吴语软侬情韵妙

——书场听书

江南各个市镇，基本都有书场。它的陈设不复杂，一般是设在茶馆内或专门的建筑内，整体空间相对紧凑。主要分为舞台和听众区域，舞台是书场的核心部分，舞台中央放置一张桌子，桌子的材质多为红木或其他质地较好的木材，颜色深沉，质感温润。桌子上面摆放着说书艺人表演所需的道具，如醒木、折扇等，说书先生用它来吸引听众的注意力，增强表演的节奏感。听众的座位区通常呈阶梯状分布，以保证后排听众也能清楚地看到舞台，听众区域的桌椅摆放整齐

有序。桌子通常是小型的四方桌，可供两到四位听众使用，桌面擦拭得光亮，放置着茶壶、茶杯和茶点，茶点通常是江南特色的小吃，如瓜子、花生、苏式糕点等。

下午时分，说书先生准时登场。他们身着长袍马褂，手持折扇或醒木，神态自若。说书的内容丰富多彩，有《三国演义》《水浒传》等经典名著，也有《七侠五义》《隋唐演义》等武侠传奇。说书先生凭借着生动的语言、丰富的表情和精彩的表演，将故事中的人物和情节展现得淋漓尽致。听书的过程中，老听众还会品着茶，吃着点心，享受着悠闲的时光。他们有时听得津津有味，时而开怀大笑，时而陷入沉思，听到精彩之处，还会鼓掌叫好。总之，书场是一种独特的休闲方式，既满足了人们对美食的需求，又让他们在听书中获得了精神上的享受。有一首民国时期《书场听书》的竹枝词这样写道：“书场雅座聚贤宾，弹唱声声动客心。吴语软侬情韵妙，曲终人散意犹存。”突出了书场中听众的高雅以及评弹用吴侬软语演唱的独特韵味，即使曲终人散，那余韵仍留在人们心中。成为了当时一道独特风景。

▲ 清末民初苏州评弹艺人新春在书场表演的情形

▲ 20 世纪 30 年代，上海的评弹发展进入鼎盛时期。图为 40 年代上海广播空中书场“大百万金空中书场”书家合影

书场深受江南百姓及各阶层人士的喜爱。最初的书场开在城里，是风雅人士的光顾之地；后来书场逐渐开到乡镇，并开进茶馆，成为当时百姓最常见的休闲消遣方式。茶馆的书场，其渊源大抵始自明朝，有专家推测与明朝话本的兴盛有关。当时茶馆为增强竞争力，将走街串巷的曲艺艺人请进来演出，逐渐形成了茶馆与书场相结合的形式。清代早期，书场大多是在茶馆中辟出一角，临时搭起书台，外加几把椅子，供艺人表演。随着时间的推

移，曲艺表演在茶馆经营中越来越重要，到清代中后期，书场在茶馆中的地位日益显赫。苏州是江南书场发展的重要地区。在晚清时期，苏州茶馆内常设书场的就有十多家，其中一些影响力较大的书场，如开办于1862年的老义和茶馆，被公认为苏州城内档次最高的书场，听客多为乡绅、名流及商人，来演出的艺人也都是一流的响档名家。而且名角的演出能够提升茶馆书场的知名度，比如评弹名家马如飞的演出就让苏州阊门外湖田堂的“引凤园”与市区“桂芳阁”声名鹊起。

▲ 20 世纪 40 年代，苏州文书王宝庆（中）与妻冯爱珍（右）演出情形，文书是全民族抗日战争时期形成的新曲种

▲ 苏州郊县有关市镇的书场表演现场

上海的书场发展虽晚于苏杭，但到20世纪上半叶也已蔚为壮观。从19世纪后期，随着上海城市的发展和人口的增加，书场逐渐兴起。当时，苏州河畔等地人口密集、商业繁荣的区域出现了一些早期的书场。例如，1885年诞生的玉茗楼书场，最初位于老闸桥堍的福建北路2号，由姑苏商人张金元开设。其台下放置板凳与八仙桌，约有200个座位，听众围桌而坐，边喝茶边听书。这个书场还附带开设了浴室和点心店。

上海作为一个移民城市，会聚了来自各地的人群，书场成为了人们重要的娱乐场所。无论是本地居民还是外来移民，都对书场文化有着浓厚的兴趣，书场的听众和茶客人数众多，这使书场也成了信息交流和社交的重要场所。到30年代，上海书场进入繁荣阶段。众多评弹名家频繁在上海书场演出，吸引了大量听众。像张鉴庭、严雪亭、蒋月泉、范雪君、张鸿声、顾宏伯等都曾在上海的书场登台献艺，这不仅提升了书场的知名度，也吸引了更多观众走进书场。因为有观众，有生意，40年代上海书场数量不断增加。据统计，到1949年末上海尚有大小书场500家之多，分布在城市的各个区域，一些大型书场能容纳数百人，小型书场也有自己的固定听众群体。时人作竹枝词《听书有感》云：“江南书场韵悠扬，艺人口中岁月长。善恶忠奸皆演绎，听书一刻忘炎凉。”强调了书场表演的魅力以及对听众的感染力。

元宵踏月闹春街

——灯会鼎沸

元宵灯会，是江南地区新春佳节的最后一个高潮，呈现出一片热闹非凡的景象。元宵节赏灯的习俗可追溯到西汉时期。在江南地区，这种传承更为明显，人们遵循着先辈的传统，将举办灯会作为庆祝元宵节的重要方式，如南京的秦淮灯会，其历史最早可以追溯到魏晋南北朝时期，历经多个朝代的发展，到民国时期依然兴盛。灯会的繁

▲ 1917 年南京金陵女子大学，元宵节手持兔子灯的女学生

盛，也与佛教、道教文化的推动有关。东汉时期，汉明帝为了弘扬佛法，下令正月十五夜在宫中和寺院“燃灯表佛”，这一行为逐渐影响到民间，使得元宵节燃灯的习俗得以传播和发展。道教文化的上元节与元宵节相契合，在这一天举办灯会、灯会也符合道教的节日文化。

民国时期江南地区经济相对发达，商业活动频繁。元宵节举办灯会，可以吸引大量的民众前来观赏，人气聚集也是商机所在，商家们可以借此机会销售各种商品，如小吃、玩具、手工艺品等，增加经济收入，进一步推动经济的繁荣。江南地区手工艺发达，有许多擅长制作花灯的工匠。元宵节灯会为他们提供了展示技艺的平台，工匠们通过不断创新和竞争，制作出更加新颖、独特的花灯，推动了花灯制作工艺的发展。

在传统观念中，灯光被赋予了吉祥之意，能够驱妖辟邪、除百病。人们在元宵节点亮花灯，寄托了对未来生活的美好祝愿，希望能够平安顺遂、幸福安康。元宵节是春节后的第一个重要节日，人们在经过了一段时间的忙碌和休息后，渴望有一个欢乐的节日来放松身心。灯会提供了丰富多彩的娱乐活动，如猜灯谜、看表演等，让人们能够尽情享受节日的欢乐。同时，这也是人们社交的重要场合，亲朋好友们可以一起逛灯会、赏灯会，增进感情，加强交流。

灯会的看点就是种类繁多、造型精美的灯彩，由丝绸、彩纸、鸟羽、羊角、琉璃、云母等

▲ 20 世纪 30 年代，上海新春灯市，各种样式的灯彩任人选购

▲ 20 世纪 30 年代，上海新春灯市，灯彩品种之多，令人目不暇接

▲ 20 世纪 30 年代，上海一家灯笼制作店工人在灯笼的肋骨上粘贴布料装饰

各种材质制成的花灯琳琅满目。用琉璃制作的花灯，晶莹剔透，在灯光的映照下五彩斑斓；羊角灯则是利用羊角的天然材质，经过精心打磨和雕琢，呈现出独特的质感和光泽。有传统的圆形、方形花灯，也有造型别致的动物灯、人物灯、花卉灯等。动物灯栩栩如生，如老虎灯威风凛凛、兔子灯活泼可爱；人物灯则以历史故事、神话传说中的人物为原型，如孙悟空、嫦娥等，形象生动；花卉灯仿佛将盛开的花朵搬到了灯上，牡丹灯富贵华丽、荷花灯清新淡雅。

灯会举行时，江南的城镇街道两旁挂满了各式各样的花灯，形成了一条长长的灯廊。有的街道上方还会搭建起灯棚，棚顶悬挂着无数盏彩灯，灯光交织在一起，如同一片璀璨的星空。苏州阊门内的吴趋坊、皋桥、中市一带，灯铺众多，到了元宵灯会时，彩棚架叠，花灯通张，不见天日。许多寺庙、园林、亭台楼阁等建筑也会被装饰上花灯。夜晚时分，整个建筑在灯光的照耀下显得格外庄重而美丽。

在灯会的中心区域或一些大型的广场上，会搭建起临时的戏台，上演各种戏曲节目和杂耍表演。灯会上还会挂出许多灯谜，供人们猜谜娱乐。灯谜的谜面巧妙地融入了诗词、典故、字谜等元素，既考验人们的智慧，又增加了节日的趣味性。人们或独自思考，或相互讨论，每当猜出一个灯谜，都会感到无比的兴奋和满足。

▲ 1949 年 2 月，南京夫子庙春节期间，向人们展示的秦淮花灯

元宵灯会是江南民众最喜爱的节日活动之一，无论是本地居民还是外地游客，都会在这一天涌上街头，观赏花灯、参与活动。男女老少身着节日的盛装，脸上洋溢着喜悦的笑容，熙熙攘攘的人群在灯会中穿梭，形成了一道独特的风景线。元宵灯会也是人们社交的重要场所，亲朋好友们相约一起逛灯会，一边欣赏花灯，一边聊天说笑；年轻的男女们则借此机会结识新朋友，寻找自己的意中人。灯会中欢声笑语不断，人们沉浸在节日的欢乐氛围中。清代学者陈金浩的《松江衢歌》云：“元宵踏月闹春街，同走三桥笑堕钗。”描写了元宵踏月与“走三桥”的习俗，展现了当时松江地区元宵节的独特风俗和欢乐氛围。

灯会期间，灯铺的生意格外红火，一些知名的灯铺还会推出自己的特色花灯，吸引了众多顾客前来购买。灯会周围香气四溢的小吃吸引着人们的味蕾，灯会促进了商业活动的繁荣。

香烛些些费莫猜

——庙市香客

民国时期上海啸月山人《红庙烧香竹枝词》云：“六月刚逢十九辰，香风吹遍绮罗香。堪夸大马中街路，无数裙钗去赛神。”描写了六月十九观音成道日红庙烧香的情景，众多香客前往，其中不乏女性香客。另一位民国文人李默庵《申江杂咏》云：“香烛些些费莫猜，非关祈子乃求财。鬓边黄纸签条插，知向司徒庙里来”，指出许多香客到庙中烧香的目的，无论是求子和求财，都是很正常的心愿。在江南各地都有很多描写寺庙香客的竹枝词，如：“香烟缭绕古禅关，多少游人竟日攀。为问佛前祈祷者，几人能得此心闲。”“庙市喧哗人语沸，红男绿女拜神忙。烛光照亮虔诚意，香火传承岁月长。”这些竹枝词描绘了寺庙中香烟袅袅，香客们纷纷前来参拜的场景，同时也对香客们的内心世界作出了刻画，生动地展现了寺庙的热闹景象，香客们来来往往，男女老少都在庙中忙碌地祭拜神灵，烛光和香火成为了他们虔诚心愿的象征，也体现了这种宗教信仰和庙市文化的长久传承。

传统祭祀活动的不断延续。江南地区历史上宗教文化较为兴盛，佛教、道教等宗教信仰对世俗生活具有深入人心的影响，寺庙作为宗教活动的重要场所，一直是信众们朝拜、祭祀的地方。人们定期前往寺庙进香、祈福、还愿等，在新春佳节期间尤为频繁，为庙市的形成提供了基础。一些重要的佛教节日如佛诞节等，会吸引大量信众聚集，逐渐形成了以寺庙为中心的集会。

江南地区还有对各种地方神灵的信仰，如城隍神、土地神等。人们相信这些神灵能够保佑地方平安、风调雨顺、五谷丰登，因此会在特定的时间前往寺庙祭祀这些神灵，这也为庙市形成推波助澜。各个市镇的城隍庙附近，往往会形成热闹的庙市，寺庙周边逐渐成为了人们进行商品交易的场所。一方面，香客们在前往寺庙的过程中，有购买香烛、祭品、纪念品等物品的需求；另一方面，商贩们看到了商机，纷纷聚集在寺庙附近摆摊设点，售卖各种商品，从而形成了

▲ 清末上海城隍庙老城厢内售卖纸钱、香烛的香烛铺

▲ 20 世纪 20 年代，江南集镇上的一家香烛铺，“只此一家”甚是夺目

集贸市场。而且江南地区交通便利，水系发达，便于商品的运输和流通，也为庙市的发展提供了有利条件。江南地区手工业发达，出产的丝绸、茶叶、陶瓷、手工艺品等在全国享有盛誉。这些手工业产品需要一个集中的销售场所，庙市便成为了理想的选择。手工艺人可以在庙市上展示和销售自己的产品，与其他商人进行交流和交易，也进一步推动了庙市的发展。

庙市不仅是宗教和商业活动的场所，也是人们社交和娱乐的重要平台。在庙市上，人们可以结识朋友、交流信息、观看表演等。一些庙会上会有戏曲、杂技、杂耍等表演活动，吸引了大量民众前来观看，增加了庙市的人气和吸引力。对于长期处于农耕社会的人们来

▲ 1934 年上海街头的香烛店

说，庙市是他们难得的娱乐和放松的机会。江南地区有丰富的传统节日和民俗活动，很多都与寺庙和宗教信仰有关。例如，在春节、元宵节、端午节等节日期间，人们会前往寺庙祈福、祭祀，同时也会参与各种民俗活动，如舞龙舞狮、踩高跷、划龙舟等。这些活动与庙市相结合，使得庙市的规模和影响力不断扩大。

香客中的主角，常常是那些上了年纪的慈祥老奶奶，这是因为女性在家庭中承担着照顾家人、操持家务的责任。老妇人经历了人生的风风雨雨，更加关注家庭的平安和幸福。面对当时相对动荡的社会环境，人们的生活面临着各种不确定性和困难。庙里上香，为她们在苦难的生活中找到一丝安慰和希望，也是缓解心理压力、寻求精神慰藉的一种方式。江南地区有着悠久的慈善文化传统，人们普遍崇尚善良、乐于助人。人们受到这种慈善文化的熏陶，希望通过烧香拜佛等行为来积累功德，为自己和家人带来福报。在庙市进香的过程中，老妇人可以与其他香客交流、互动，分享自己的信仰体验和生活经历。这种社交活动让她们感受到了群体的认同和归属感，不再感到孤独和无助。而且，在一些地方，参与寺庙的进香活动已成为一种社会习俗和传统，老妇人为了遵循这种传统，也会积极参与到烧香拜佛的活动中。

▲ 20 世纪 40 年代，上海街头的锡箔香烛店

▲ 1947 年上海一寺庙前的锡箔香烛摊，卖主老妇人正在回应顾客

▲ 20 世纪 30 年代，南京玄武湖畔游人如织，许多青年男女节日里喜欢到此享受湖边风光

难为一段江南情

——郊游远足

春节是一年之始，外出接触大自然以迎接新春，祈求新的一年平安顺遂、吉祥如意，成为不少人的选择。那个年代虽然还没有“旅游”这个概念，但在传统观念里，大自然具有神秘的力量，与自然的接触能获得庇佑和好运，到郊外的山林、河边等地方，被认为可以吸收自然的灵气，为新的一年带来好兆头。在一些地方的习俗中，新春时节有祭祀祖先、神灵的活动，而许多祭祀场所大抵位于郊外。人们在祭祀之后，也会在周边游览一番。这种祭祀与郊游相结合的活动，就自然而然地形成了。

明代诗人解缙《踏青行》云：“春风绿遍天涯路，满院残红不知处。西家有酒不肯赊，愁坐茅檐日将暮。出门时作踏青行，晴川云暖花冥冥。时人埙管吹落日，难为一段江南情。”可以说，没有一个季节的风，比春天更让人觉得人间温柔且值得。江南地区文化底蕴深厚，才子佳人无数，游历山水，本身就是传统文化中的一种高雅行为，被视为增长见识、陶冶情操的方式。许多文人墨客趁新春佳节，约上三五知己郊游远足，户外放飞心情，蔚为传统。

外出郊游为人们提供了一个与亲朋好友相聚、交流的场所，平常的生活相对较为封闭，新春郊游成为了一种难得的社交活动，让人们能够结识新朋友，了解外界的信息。尤其是生活在大城市里的人，街道狭窄，建筑密集，相对拥挤逼仄的环境中，缺乏足够的空间和自然景观，人们渴望摆脱城市的喧嚣和压抑，新春佳节到郊外去呼吸新鲜空气，享受广阔的空间和美丽的自然风光。江南地区的气候在春节前后又相对温和，不像北方那样寒冷，春季是万物复苏的季节，郊外的花草树木开始发芽、开花，景色宜人，吸引着人们前往欣赏。“春日游山处处嘉，红男绿女似繁花。歌声笑语随风转，散入林泉百姓家”，生动地展现了春日里人们郊游时的热闹场景，男男女女身着鲜艳的服饰，仿佛繁花盛开一般，他们的歌声和笑语在山林间回荡，给百姓人家也带来了欢乐的氛围。

清末民初之际，上海出现了相当数量的竹枝词，反映老上海的地理风貌和外出郊游的生活情趣。“潮平日落卸征帆，月映波心一镜衔。小坐石梁闲眺望，浦滨凉气袭轻衫”，展现了黄浦江两岸的宁静与美丽。鸦片战争后，商贾云集打破了黄浦江的平静，洋楼林立、码头众多，江上轮船行驶，呈现出一幅繁忙的商业景象。此外，一些外

▲ 1928 年春节过后，一家人去碧浪湖畔游湖赏景

▲ 1935 年一个青年女子游览苏州光福，在湖边摄影留念

▲ 1935 年，三位女青年游览苏州光福邓尉山，途经三官堂时在亭子前留影

来新科技传入上海，当时有竹枝词云：“电灯电火照更深，海市居然不夜城。四达通衢同白昼，红男绿女逐宵行。”又如：“鬼工拍照妙如神，玉貌传来竟逼真。技巧不须凭彩笔，霎时现出镜中人。”

江南地区经济发达，商业繁荣，人们的生活水平相对较高。在春节期间，人们有足够的财力和物力从事郊游等娱乐活动。一些富裕的家庭会准备好食物、饮品等，乘坐马车或船只到郊外游玩，享受悠闲的时光。一般平民出行，对于距离较近的郊游地点，会选择步行前往。这种方式最为便捷，也能让人们充分感受沿途的风景和新春的气息。比如在一些小镇周边的田野、山林，人们可以轻松地步行到达，边走边欣赏初春的景色，感受大自然的变化。当时的道路状况不佳，独轮车因价格低廉且适合在狭窄道路上使用，成为一种常见的交通工具。它不仅用于运货，也承担着客运的功能。人们会雇用独轮车，载着自己和朋友前往稍远一些的郊外景点。这种出行方式在当时的江南地区较为普遍，为人们的郊游提供了便利。

至于郊游目的地的选择，好在江南山水资源丰富，有许多著名的园林和自然景观。人们在园林中欣赏亭台楼阁、假山流水，感受古典园林的韵味。此外，杭州的西湖、无锡的太湖等山水胜地也是人们喜爱的郊游去处。新春时节，西湖边的垂柳初发新芽，太湖上波光粼粼，人们在山水之间放松身心，享受大自然的美景。古镇乡村保留着浓郁的传统风情，也是郊游的热门目的地，白墙黑瓦的建筑、狭窄的街道、古朴的石桥，构成了独特的江南水乡景观，人们在古镇中漫步，感受着古镇的宁静与祥和，还可以品尝当地的特色小吃，购买一些手工艺品。江南乡村有着广袤的田野、清澈的溪流和茂密的树林，人们可以在这里体验乡村生活的乐趣，感受田园风光的魅力。

▲ 1937 年的南京，城墙下是一片平整的农田，通往城墙的路上行走着许多游人

泛舟小妇解吴歌

——湖上泛舟

江南地区水网密布，湖泊、河流纵横交错。为江南民众划船出游提供了得天独厚的自然条件。这些水域分布广泛，人们出门不远就能踏上小船，轻松开启水上之旅。水网相连，使得人们的出行路线选择

多样。如在苏州的水乡古镇，河道如同街道，船只可以穿梭于各个古镇之间，沿途欣赏不同古镇的风光，可以大大丰富人们出游的体验，在慢节奏、慢生活时代，舟船代步，如同当今的出租车一样方便。

江南民众在节日里喜欢划船出游，用一个文绉绉的词称为“泛舟湖上”，是不是近水就天生喜欢划船呢，也不一定。真的气定神闲地荡舟湖上，也许要看人们的心情的。一般在节日或假日，风和日丽的春天较为适宜。与三五知己，或是心上人一起，租条船，在水面上优哉游哉，也是人生的莫大享受。特别是在新春季节，河湖港汊，景色宜人，两岸垂柳依依，桃花、杏花等花卉在春季盛开，与清澈的湖水相互映衬，形成如诗如画的美景。在小船上近距离欣赏到这些美景，是一种独特的视觉享受。

江南地区有着悠久的水上文化传统。自古以来，水乡民众就与水息息相关，船是他们重要的交通工具和生产工具。这种对水的亲近感在节日中体现为划船出游的习俗。节日里的湖上泛舟，能够增添浓厚的节日氛围。元宵节、中秋节等，人们会在船上挂上彩灯，在水中形成流动的光影，如同水上灯会。家庭成员或亲朋好友围坐在一起，一边划船，一边赏月、猜灯谜等，其乐融融。时人方文《竹枝词》云：“春水新添几尺波，泛舟小妇解吴歌。笑指侬如江上月，团圆时少缺时多。”划船出游也常常伴随着一些民间艺术活动，例如，在船上会

▲ 1935 年杭州西湖上的船影，夕阳西下，远处是保俶塔朦胧的塔影

▲ 20 世纪 30 年代，江南的老船夫和木船上欢快游玩的年轻女子们

▲ 20 世纪 30 年代，一位穿旗袍的上海女子在小船上游湖，谈笑风生，状态很放松

▲ 20 世纪 40 年代，节假日外出划船的穿旗袍美女

有江南丝竹的演奏，这种轻柔婉转的音乐与水上的宁静环境相得益彰，营造出一种优雅的节日氛围。

水上游玩的游船，有多种选择，画舫是比较奢华的一种，通常装饰精美，空间较大，能乘坐许多人。船上四面垂帘，窗户雕刻精美，内部布置讲究，有桌椅、床铺等设施，还可能配备香枣、厕筹、粉奁、镜屉等物品，适合达官贵人或富贵人家租用，一般平民百姓是消受不起的。另一种“快船”，双橹驾摇，行驶速度较快，船身相对较小巧，但也具备一定的舒适性。适合一些想要快速游览湖景，或者追求刺激体验的游客。更普通的则是一般的荡湖船，能供五六个人乘坐，船型较小，没有风帆，也没有船桨，比较适合在风平浪静的湖面行驶。它主要靠橹作为动力行驶。橹可以看作是从舵桨演变改革而来的，通常安设在船尾，船夫通过左右摇动橹，使其像鱼尾那样摆动拨水，利用水的反作用力推动船前行。与桨不同，橹在左右摇动过程中，无论是推还是扳，都能使船前行，且不需要像桨那样划一下就拿出水面再放到前面，可以连续提供动力。同时，橹借助了一定的杠杆原理，相对来说较为省力，船夫还能适时将橹展成水平结构，减少水的阻力，稍作休息。这种船常被用于朋友小聚或家庭出游，船上可摆放一桌酒菜，人们可以一边品尝美食，一边欣赏风景。

▲ 1946 年 10 月，南京玄武湖上的游船，可从玄武湖远眺紫金山

湖上泛舟，当然也不是漫无目的的漂泊，一般离不开美景的衬托，如杭州著名的西湖，湖水清澈，周边山峦起伏，景色秀丽。无论是苏堤春晓、曲院风荷，还是断桥残雪、三潭印月等著名景点，都吸引着大量游客乘船游览。人们可以在船上近距离欣赏到西湖的美景，感受其独特的韵味。苏州是著名水乡城市，有众多的湖泊和河道，以及贯穿城市的古运河。游客可以在这些水域乘船，欣赏到苏州的水乡风光，领略到江南水乡的独特魅力。

说到底，民国时期游人的湖上泛舟，是一种社交方式。在船上，人们可以与家人、朋友相聚，节日里，这种社交需求更为强烈。例如，青年男女可以在划船出游的过程中相互交流，这也是一种传统的交友方式。对于文人雅士来说，划船出游是聚会交流的重要场合。他们在船上吟诗作画、谈古论今。不同阶层的人在水上也能有更多的交流机会。与其他娱乐方式相比，划船出游具有独特的趣味性。在水上，人们可以感受到微风拂面、水波荡漾的惬意，可以在船上进行野餐、垂钓等活动，这些也丰富了人们的休闲生活。

那个时代的人，旅游资源有限，娱乐设施也不足，划船出游成本相对较低且容易组织。普通家庭可以租用一条小船，带上简单的食物，就可以享受一天的水上乐趣，是一种经济实惠又充满乐趣的节日娱乐方式。“泛舟湖上”，留下了许多文人大量与游船相关的诗词、文章、绘画等艺术作品。这些作品不仅描绘了湖光山色的美景，还表达了作者的情感和思想，成为江南文化的重要组成部分。

第七章

江南节令风情与传统风物

江南地区有着独特的节令风情与传统风物。

立春意味着春天的开始。人们会举办“迎春”活动，鞭打春牛，祈求新的一年风调雨顺、五谷丰登。田野间开始出现农民春耕忙碌的身影。同时，江南的园林中，梅花、早樱等花卉逐渐绽放，吸引人们纷纷前往观赏，感受春天的气息。

立夏标志着夏天的到来。水乡小镇在夏日里显得格外宁静，河水潺潺流淌，岸边的柳树垂下绿丝绦，为人们带来丝丝清凉。夜晚，人们在河边乘凉，听着蛙声和蝉鸣，享受着夏日夜晚宁静的时光。

立秋意味着秋天的开始。江南地区有“贴秋膘”的习俗，人们会食用一些肉类食物，如红烧肉、炖鸡等，以补充身体在夏天消耗的能量。秋天也是收获的季节，江南的田野里，稻谷金黄，瓜果飘香。中秋节是江南地区的重要节日之一。重阳节又称“登高节”，江南地区的人们会在这一天登高远眺，欣赏秋天的美景。

冬至是江南地区的重要节日之一。江南地区有“补冬”的习俗，人们会食用一些滋补的食物，品尝着热气腾腾的美食，享受着冬日的温暖。此外，人们还会在冬至这天祭祖，表达对祖先的敬意和思念之情。

江南传统风物多得不胜枚举，如江南美食是一大宗，糕点种类繁多；茗茶烹香，有西湖龙井、碧螺春、黄山毛峰等名茶。茶馆里，人们可以品尝到正宗的名茶，感受茶文化的魅力。此外，水乡的水产有太湖三白（白鱼、银鱼、白虾）、阳澄湖大闸蟹、钱塘江鲈鱼等。这些水产以其鲜美的口感和丰富的营养成为江南美食的代表。

在手工艺品方面，独树一帜的苏绣，以其精细的绣工、丰富的色彩和独特的艺术风格而闻名于世。江南的油纸伞是传统的雨具，也是一种艺术品；宜兴紫砂、景德镇瓷器等，以其细腻的质地、精美的图案和丰富的色彩而闻名于世。

江南园林是中国传统园林的代表之一，以其小巧玲珑、精致典雅而著称；许多水乡古镇，保存了大量的明清建筑和古宅老屋，河道纵横交错，桥梁众多。总之，江南地区的节令风情与传统风物丰富多彩，这些节令风情和传统风物不仅是江南文化的重要组成部分，也是江南岁时乡愁的重要组成部分。

▲ 1900 年上海英商丝绸厂工作的情形，有童工

孔雀妆花云锦烂

——江南云锦

“锦”字的本义，是指有彩色花纹的丝织品。丝织品在古代是重要的生活用品和奢侈品。《说文解字》载：“锦，襄邑织文。从帛，金声。”表明锦是一种在帛（丝织品的总称）上织出花纹图案的织物。在古代的贵族服饰、宫廷用品中经常会用到锦，像锦袍、锦衾等，这些物品上的锦色彩斑斓、图案精美，是身份和地位的象征。“锦”字的进一步引申，常被用来形容美好的事物或场景。如“锦绣山河”，这个词语用锦和绣（同样是精美的丝织品）来比喻祖国壮丽的山河，像锦缎一样美丽多彩。还有形容一个人有出众的文思和口才，叫“锦心绣口”，就好像内心和嘴巴都被精美的锦缎装饰一样。由于锦本身具有色彩丰富的特点，所以也用来表示色彩鲜明的意思。例如“锦瑟无端五十弦”，诗中的“锦瑟”就是色彩华丽的瑟，瑟身装饰精美，如同锦缎一般。

江南云锦有着悠久的历史，正式登上历史舞台是在东晋义熙十三年（417），刘裕在建康（今江苏南京）设立“锦署”，史称“斗场锦署”，堪称云锦发展的重要开端，距今已有1 500多年历史。隋朝时锦署曾一度被撤销，但到了唐代灭亡后，尤其是五代十国时期的南唐定都金陵（南京）时，织锦业又开始复苏。到了宋代，江南地区的丝织业继续发展，为云锦的进一步成熟奠定了基础。北宋时期创制了缂丝，南宋时期出现了织锦缎，这些丝织技艺的发展对云锦的工艺改进和创新产生了积极影响。元代在南京设立官营的“东、西织染局”。元代崇尚用金的风气，使得云锦出现织金入锦的工艺，这大大丰富了云锦的表现形式和艺术效果。明代云锦织造工艺日臻完善且不断创新，出现了将织金技艺与传统中原织彩工艺融合而成的妆花缎。妆花缎是现今狭义上的云锦，也是其最具代表性的品种。这一时期，云锦的生产技术和艺术风格逐渐定型，为其在明清时期的鼎盛发展打下了坚实基础。清代云锦在江宁织造的经营下进一步发展。云锦格局规整、配色成熟、纹样吉祥，金碧辉煌宛若天上云霞。由于其品质极高，成为元、明、清三代的“上用缎匹”，即宫廷御用丝织品。当时，丝织业兴盛时，南京有30多万人以丝织相关产业为生，年产锦缎上百万匹，造就了当时南京最大规模的手工产业。

▲ 1900 年上海英商丝绸厂丝绸检验室和工厂办公室

▲ 20 世纪 30 年代，杭州街边摊上穿着丝绸衣服的男人

清末，西方列强用坚船利炮轰开中国的大门，侵略战争和社会动乱，使得百姓生活困苦，朝不保夕，民间艺术受到摧残，云锦这个行业遭受重创。任何一个物品，都以社会需要为后盾，有市场才能发展。虽然云锦在历史上曾作为朝廷礼品馈赠外国君主

▲ 20 世纪 40 年代，在上海买丝绸的美国海军士兵，售货员正向两位海军士兵展示精品丝绸

和使臣，但到了清末民国时期，由于国际形势的变化和贸易壁垒的增加，云锦的外销受到了很大的阻碍。市场萎缩，总体上限制了云锦的生产规模。

江南云锦的生产大多以小型作坊的形式存在。通常由几个艺人或家庭作坊式的团队组成。南京秦淮河边，有很多染坊、丝线铺和绸缎庄，它们采取前店后厂的经营模式，生产效率较低，而云锦的原材料主要有桑蚕丝、金丝、银线、孔雀羽线等，用料精贵，需要经过精心加工才能使用。加上那个年代社会动荡不安，兵荒马乱，哪里去寻找如此精贵的原材料。再说云锦的图案设计仍然以传统的纹样为主，如龙、凤、仙鹤、鸳鸯等数十种花鸟纹饰及多种盘金纹样的组合变化。这些图案寓意吉祥，代表了古代帝王等级和贵族的身份地位。民国将帝王打翻在地，随着清王朝的灭亡，云锦失去了最大的消费对象——皇家和贵族。民国时期社会经济的发展缓慢，人们的生活水平普遍不高，对高档丝织品的需求减少，这些因素都注定云锦难有发展前景。

▲ 20 世纪 20 年代，一个穿着西式丝绸连衣裙和高跟鞋的女人摆姿势

明末清初著名诗人、娄东诗派开创者吴伟业，世称吴梅村的《望江南》词云："江南好，机杼夺天工，孔雀妆花云锦烂，冰蚕吐凤雾绡空，新样小团龙。"生动地描绘了云锦的精美绝伦，夸赞其工艺巧夺天工，用"孔雀妆花"来形容云锦的图案绚丽多彩，如孔雀开屏般华丽，将云锦的美展现得淋漓尽致。然风物再好，生不逢时，不能不面临冷落的命运。对云锦的保护、传承和发展，以至最终复兴只有等到新中国成立以后了。

物以名传愈见珍

——香郁茶品

龙井、碧螺春等是江南最负盛名的茶叶名品，清末以来，历经民国社会沧桑，经历了诸多发展和演变。民国时期，首先是品牌细化与地域概念形成，名气越来越大，龙井茶的品牌有了狮龙云虎"老字号"的细分。这里的"龙"主要指翁家山、杨梅岭、满觉陇、白鹤峰一带，位于西湖周边，当地人们习惯称之为"石屋四山"龙井。这一时期龙井茶的品目不断细化，所彰显的是特定的地域概念。1930年的《浙江通志·茶叶卷》记载了龙井茶的产地范围，如狮峰所产最为名贵，其次是云栖、虎跑等地的茶，也负有盛名。明代有关龙井茶采制的记述中，茶叶还未制成扁平状。龙井茶炒制成扁平外形当在晚清，到民国初年，龙井茶扁且直的外形就基本确定下来了。

关于苏州碧螺春茶品，清末民初朱琛1916年写的《洞庭东山物产考》对碧螺春茶的采制工艺有了较为系统的记载，采摘时间从清明至谷雨，碧螺春属于细嫩炒青绿茶，以“形美、色艳、香浓、味醇”闻名，其采摘高度重视鲜嫩度，其采摘标准为单芽或一芽一叶初展，采后要拣剔，然后入锅手工炒制，这一方法一直传承到现在。清末震钧所著《茶说》中提道：“茶以碧萝（螺）春为上，不易得，则苏之天池，次则龙井；岕茶稍粗……”可见其在当时的茶叶中地位较高。总体而言，清末民国时期江南的茶品如龙井、碧螺春等在艰难的社会环境中依然保持着一定的发展，其品牌、工艺、特色等方面不断传承和演变，为后来的发展奠定了基础。

▲ 晚清分拣茶叶的女茶工，正在分拣茶叶、去除杂质

▲ 19 世纪 50 年代，西方人眼中的茶工和挑选茶叶场景

江南最负盛名的茶品，有广泛的社会影响力和知晓度，其流传的许多掌故和传说轶事，也是非常有趣的。清代销售龙井茶，最出名的茶庄是翁隆盛茶庄，开设于清雍正七年（1729），翁耀庭是清代人，到民国初期已有200年历史。当时其创办人翁耀庭将茶庄开设在杭州的梅东高桥，这里靠近科举考场贡院，考生们来杭应试后会购买龙井茶回去赠送亲友，翁耀庭善于经营，茶庄生意越做越大。19世纪60年代

后，翁氏后人将店址迁至商业闹市清河坊，还建造了五层洋房，门楣上装饰“狮球”注册商标。1928年7月中旬，鲁迅曾特地到清河坊翁隆盛茶庄购买龙井茶，他在这一年7月中旬的日记中记录“晚又至翁隆盛买茶叶、白菊等约十元”。

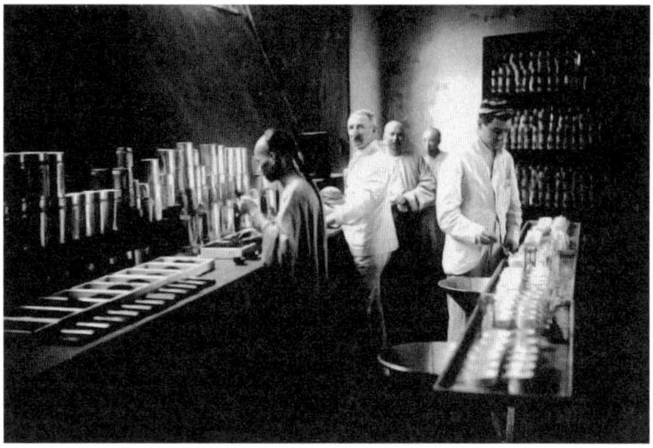

▲ 晚清江南的茶叶销售门店与营业经理人员

清乾隆帝一生六下江南，有四次驾临西湖茶区，也算是龙井茶品的荣耀。乾隆写下了多首关于龙井茶的诗作，他在杭州西湖狮峰山下喝完狮峰龙井后，亲封了“十八棵御茶树”，还作《观采茶作歌》：“火前嫩，火后老，惟有骑火品最好”，道出了龙井茶采摘制作以清明为限的传统；“慢炒细焙有次第，辛苦功夫殊不少”点明了龙井茶精工细作的特征。

▲ 民国时期上海吉祥泰茶号

至于碧螺春茶品名称的由来，也附会着许多传说，一说是因产于碧螺峰而得名，碧螺峰附近所产的碧螺春，外形和内质都属上乘，这种说法最早且较为可信；另一说是因西山碧螺庵而得名，西山水月寺附近有碧螺庵，庵内尼姑善于制茶，所制茶叶香气异常，名为碧螺春，但此说起源于近代，到底有无碧螺庵，无史料可以查证。碧螺春在明代的名字，有点太接地气：“吓煞人香”，据说明代王鏊任宰相期间，回家省亲将家乡的茶叶送给明武宗朱厚照品尝，武宗虽觉此茶清香甘美，但“吓煞人香”之名不雅，赐名“碧螺

▲ 20 世纪 20 年代，江南采茶女

春”；另一说清康熙三十八年（1699），康熙皇帝南巡时，江苏巡抚宋荦将茶农朱正元制的“吓煞人香”进献给皇上，康熙帝品尝后觉得清香异常，也赐名为“碧螺春”。不过这类帝王赐名之事，虽有诸多传说记载，还有待更明确的史料实证。

倒是民间传说比较鲜活，苏州一直流传“吓煞人香”的传说，相传碧螺春曾被叫作“吓煞人香”，有一年野茶长得特别茂盛，采茶姑娘把多余的叶子放在怀里，茶得热气后异香忽发，姑娘们惊呼“吓煞人香”，此后这种茶便有了“吓煞人香”的称呼。清代文人陈康祺《咏碧螺春》云：“从来隽物有嘉名，物以名传愈见珍。梅盛每称香雪海，茶尖争说碧螺春。已知焙制传三地，喜得揄扬到上京。吓煞人香原夸语，还须早摘趁春分。”这首诗既强调了碧螺春的珍贵，又提到了它因品质优良而声名远扬，还指出了采摘的最佳时间是春分时节。

新妇守箔女执筐

——蚕桑之花

江南蚕桑业历史悠久，从远古时期开始，经过数千年的发展，到清末民国时期成为饮誉大江南北的精品，为中国的丝绸文化和经济发展做出了重要贡献。

我国是世界上最早从事蚕桑业的国家之一，在距今五六千年的新石器时代，江南地区的先民就可能已经开始尝试采桑养蚕。虽然这一时期的相关证据相对较少，但梅堰遗址发现的新石器时期的蚕纹装饰，以及钱山漾新石器遗址中出土的丝绢残片等实物，都证明了当时江南地区已经

▲ 1926 年正在以大把桑叶喂蚕的蚕工

▲ 1897 年创办于杭州的蚕学馆毕业学员合影

▲ 1936 年中国合作学社江苏吴县光福合作试验区蚕丝产销联合社成员合影

有了蚕桑活动的踪迹。

春秋时期，江南的蚕桑业有了进一步的发展。吴楚两国曾因边境女子争桑而引发了一场战争，这一事件侧面反映出蚕桑在当时吴楚两国经济生活中的重要地位。吴楚两国都位于长江中下游地区，其境内的女子为了养蚕而争桑，可见栽桑养蚕在当地已经较为普遍。越国在越王勾践“十年生聚，十年教训”的复国方针中，也将“省赋敛，劝农桑”作为重要的政策，这也推动了越国蚕桑业的发展。

明清时期是江南蚕桑业的鼎盛时期。江南地区成为了全国最重要

▲ 民国时期江南的养蚕制丝，家庭丝绸生产作坊，养殖蚕宝宝

的蚕桑产区，丝绸的产量和质量都达到了很高的水平。苏州、杭州、湖州等地的丝绸更是闻名遐迩，远销海内外。明代文人高启《养蚕词》云："东家西家罢来往，晴日深窗风雨响。三眠蚕起食叶多，陌头桑树空枝柯。新妇守箔女执筐，头发不梳一月忙。三姑祭后今年好，满簇如云茧成早。檐前蝶车急作丝，又是夏税相催时。"详细地描述了蚕从三眠之后食量增加，导致陌头桑树枝叶被啃食一空的情

景，以及新妇和女子们为了养蚕忙碌不已，甚至一个月都无暇梳理头发。最后提到蚕茧丰收后，又面临着夏税的催缴，既体现了养蚕的辛勤过程，也道出了养蚕人辛酸的生活状况。

苏州的宋锦、杭州的杭罗、湖州的湖丝等，都是当时的优质丝绸产品。这一时期，江南地区的蚕桑生产已经形成了完整的产业链，从种桑、养蚕、缫丝、织绸到销售，各个环节都非常发达。虽然受到了国内外政治、经济形势的影响，但江南的蚕桑业仍然保持着较高的水平。江南的丝绸依然是中国对外贸易的重要商品，在国际市场上享有很高的声誉。同时，随着西方科学技术的传入，江南地区的蚕桑生产也开始引入一些新的技术和设备，如改良蚕种、改进缫丝工艺等，这在一定程度上提高了蚕桑生产的效率和质量。

蚕桑文化也在江南地区广泛传播，形成了许多与蚕桑相关的民俗活动和文化传统，如蚕花庙会、扫蚕花地等。“扫蚕花地”是江南蚕乡一种富有特色的传统民俗活动。它的起源与蚕神信仰有关。在古代江南蚕乡，蚕桑生产是当地经济的重要支柱，蚕农们对蚕事极为重视，认为蚕的生长需要神灵的庇佑，“蚕花娘娘”是主宰蚕桑生产的神灵。

春节期间的“扫蚕花地”有除旧迎新的寓意，为新一年的蚕事活动祈福；在养蚕季节来临前的“扫蚕花地”则更具针对性，一般由有经验的蚕妇或专门的仪式主持者（如当地的神婆等）来进行。这些人在蚕乡被认为是懂得蚕神习俗和能够与神灵沟通的人。仪式开始时，主持者会拿着扫帚在蚕室的各个角落仔细清扫，一边清扫一边口中念念有词，念的内容多是祈求蚕花娘娘保佑蚕儿健康成长、无病无灾，蚕茧又大又白等吉祥话语，例如“蚕花娘娘到我家，保佑蚕儿顶呱呱”之类。在清扫的过程中，还会在蚕室的墙壁、蚕匾等地方贴上一些印有蚕花图案的纸或符。这些蚕花图案象征着蚕茧丰收，纸或符被认为具有辟邪和祈福的功能。有些地方的“扫蚕花地”仪式还会在蚕室里摆放一

▲ 民国时期养蚕农户和有关养蚕业专业的学生

些祭品，如水果、糕点等，供奉给蚕花娘娘。仪式结束后，这些祭品通常会分给蚕农家人食用，寓意着分享蚕花娘娘赐予的福气。

“扫蚕花地”体现了江南蚕乡浓厚的蚕神信仰文化。这种民俗活动对于维护蚕乡社会的稳定和凝聚力起到了重要作用。它是蚕农们在长期的蚕桑生产过程中形成的一种精神寄托，强化了蚕农之间的情感交流和对本地文化的认同感。

诗书画印一壶收

——紫砂壶艺

江苏宜兴紫砂业的起源可追溯至北宋时期。宜兴拥有丰富的紫砂矿料，为紫砂壶艺提供了得天独厚的物质条件。1976年，宜兴丁蜀镇羊山就发现了紫砂古窑址，出土了早期紫砂茶具残片，这证明宜兴紫砂器的生产已有千年的历史。

紫砂壶艺是陶文化、茶文化和壶文化的完美结合。江南地区盛行茶文化，对于促进壶艺是一股强大的推动力。人们对茶器的要求不断提高。紫砂壶具有良好的透气性，能更好地展现茶叶的色香味，因而备受茶客喜爱。随着饮茶之风在江南地区的日益普及，紫砂壶的需求也不断增加，这为紫砂壶艺的发展提供了广阔的市场。随着江南地区商业的发展，紫砂壶的生产也逐渐商业化。一些紫砂壶工坊和店铺兴起，紫砂壶开始成为商品在市场

▲ 19 世纪 50 年代，上海开埠不久几名英国人与一名卖紫砂壶小贩合影

上流通。为了满足不同客户的需求，制壶师们在制作上更加注重工艺的精细度和品质的稳定性。同时，一些商家也开始注重品牌建设，在紫砂壶上印有店号标记，这在一定程度上提高了紫砂壶的知名度和影响力。

▲ 1858 年，几名贩卖茶壶和陶器小贩在上海一座花园里准备向洋人出售紫砂壶

▲ 1909 年 3 月，紫砂器皿与瓷器作坊店铺老板一家在吃早饭

由于紫色器皿被称为“紫砂陶器”，宜兴也因此而被冠以“陶都”的美名。紫砂陶艺中以紫砂茶壶最负盛名。一把紫砂茶壶，论奢华不如金银，论巧丽不如瓷玉，外观浑朴，用久后自发暗光，器身晶莹，气息温雅，本色如正人君子，与江南的人文精神如出一脉。紫砂壶的艺术性、欣赏性远远超出它的实用性，常成为上层社会饮宴斗茶的高档茗器和厅堂陈设的精美艺术品，充分显示了它的文人气质。一般而言，具备了文人气质的物品往往能得到文人的赏识与共鸣。宜兴地处耕读风气浓郁的江南，遍地是饱学之士和才情文人，文人元素对紫砂壶艺的影响必然深远。从明代开始，紫砂壶的创造中就有了文人学士参与的印迹，这在中国乃至世界陶瓷史上都是独一无二的。晚明杰出的书画家董其昌、清乾隆间号称诗书画“三绝”的郑板桥、清朝洋务派代表人物张之洞等人以及当代许多著名书画家和文化人，都曾为紫砂壶撰壶铭、书款识、治印章、构图样，使紫砂壶拥有了文人般的巧思和雅趣。而“江上春风，山中明月”“白云怡意，清泉洗心，酌彼清泉，涤我尘缘”等壶刻铭文也提升了紫砂壶的艺术品位。

清末时期，文人阶层对紫砂壶艺的发展仍然起到了重要的推动作用。一些文人墨客与制壶师合作，在紫砂壶上题诗、作画、刻字，使紫砂壶不仅具有实用价值，更成为了一种艺术品。这种文人与工匠的结合，丰富了紫砂壶的文化内涵，提升了其艺术价值。民国时期，紫砂壶艺的风格更加多样化。一方面，传统的古典风格仍然受到一部分人的喜爱，制壶师们在继承传统的基础上不断精益求精；另一方面，受到西方文化的影响，一些新的艺术风格和表现手法也开始在紫砂壶艺中出现，如在造型上更加注重线条的流畅，装饰上更加注重图案的抽象和简洁。

名留史册的“曼生壶”是文人壶风的经典。陈曼生是清代著名的书法家、金石家，精通篆刻，工隶书，追求金石味。清嘉庆二十一年（1816），陈曼生在宜兴附近的溧阳为官之时，因酷爱紫砂器，在公务之余辨别砂质，创制新样，设计了多种造型简洁明快、古朴大方

▲ 民国时期江苏宜兴的紫砂匠人一起探讨合作事宜

▲ 民国时期宜兴紫砂艺人在进行紫砂花盆的制作

的壶形，统称“曼生十八式”。随后，陈曼生亲自运刀，以俊逸的刀法，在壶上镌刻雄奇古雅的书体和契合茶壶本身意境的题句。陈曼生将诗词的意境、书法的飘逸、绘画的空灵、金石的质朴有机而生动地融入紫砂壶，彰显了紫砂壶的文化韵味。陈曼生与虚谷、蒲华、任伯年并称为“清末海派四杰”，他曾经作《赞紫砂壶》诗云：“梅调鼎与朱石梅，文人紫砂艺名留。诗书画印一壶收，品茗赏壶乐无忧。”这首诗提到了梅调鼎、朱石梅等文人对紫砂壶艺的贡献，强调了紫砂壶将诗书画印等艺术元素融合一体的特点，展现出文人在紫砂壶艺发展中的重要作用以及紫砂壶给人带来的艺术享受。

江南紫砂壶艺从北宋古窑址上一路走来，与文化结缘，与茶道联姻，薪火相传，生生不息，将江南的韵味与古陶的朴拙、浑厚、端庄、典雅相融合，开创了一片壶中天地。它是江南的风物，更是中国的美器。

岁月难磨工匠艺

——木砖石雕

中国是一个崇尚雕刻而又十分擅长雕刻的国度，雕刻品种繁多、流派纷呈，达数百余种民间雕刻工艺之多，概括起来有几大类，包括木雕、砖雕和石雕。江南各种雕刻艺术历经千年锤炼，以悠久的历史、丰富的品类、生动的神韵、精美的雕饰、精湛的技艺和广泛的表现内容而蜚声海内外，蕴含着江南的民俗风情和民间智慧，也融汇了江南特有的地域气质和文化素养，成为东方文明的璀璨明珠。

江南各种雕刻工艺，源出于江南独特的地理生态环境，都是民间工艺家就地取材、匠心独运的杰作。民国时期佚名竹枝词《题江南木雕》云：“江南木雕艺韵长，刻刀婉转绘华章。玲珑巧作神仙态，古韵新姿入画堂。”说的是江南木雕工艺的韵味悠长，刻刀仿佛在木头上婉转地绘制出精彩的篇章，雕刻出的作品如同神仙般玲珑巧妙，其古雅的韵味和新颖的姿态都能进入到华美的厅堂之中，体现出对江南木雕技艺的赞美。另一首写砖雕的竹枝词：“青砖巧刻绘春秋，花鸟鱼虫意韵留。岁月难磨工匠艺，江南砖影韵悠悠。”写出了江南砖雕艺人在青砖上巧妙地刻画着春秋故事、花鸟鱼虫等，这些雕刻所蕴含的意韵长久留存。即使岁月流逝，也难以磨灭工匠们精湛的技艺，散发着悠悠的韵味。

▲ 1900 年浙江宁波福建会馆前的石狮子，体现出高超的石雕水平

▲ 1917—1919 年间，浙江杭州的一个木雕作坊，木雕艺人须具有足够的耐心和精湛的技艺

雕刻艺术因人们对美的追求而诞生，或门楣回廊，或亭柱牌坊，或摆件佩饰，以其秀丽之姿装点着江南诗意生活。浙江东阳的木雕，青田县盛产的青田石雕，徽州民居门楣上的砖雕……它们都以其很强的装饰效果广泛应用于建筑和家具装饰。清乾隆年间，数百名东阳木雕工匠进京修缮宫殿，或雕制宫灯、龙床、龙椅、案几等，并逐步发展到民间雕刻花床、箱柜等家具用品，都充分体现了实用性与装饰性的完美结合。享有“在石头上绣花”美誉的青田石雕，艺人们随类赋形，依色取巧，因材施艺，将青田石中各种光泽秀润的色彩和奇

妙的花纹，幻化出山川、花草、云霞、禽兽、鱼虫、人物等，使青田石雕作品五彩缤纷、玲珑剔透、晶莹如玉，别具艺术效果。同为“浙江三雕”之一的乐清黄杨木雕也是就近取材，利用温州、乐清等地黄杨木木质光洁、纹理细腻、色彩庄重、硬度适中的自然形态，来雕刻小型人物，供案头欣赏。

清末至民国时期，江南木、砖、石雕题材内容更加丰富多元，并伴随社会动荡、变革不断的态势，在题材上开始更多地反映当时人们生活状态的变化、社会现象以及人们对新事物的认知等。如一些木雕作品中会出现新兴的交通工具如火车、轮船等元素，体现出时代的发展对传统工艺题材的影响。随着西方文化的传入和影响，作为对外交

▲ 民国时期的江南玉雕艺人在打磨玉石

流较为频繁的地区，木雕题材中也出现了中西文化交融的元素。例如在一些屏风、家具的木雕装饰上，绘有具异域风情的线条、纹样以及图案，如欧式的卷草纹、几何图形等与传统的中式花鸟、山水、人物等题材相互结合。

在雕刻技法上，艺人和匠作师傅也有更多的创新与融合，在传统浮雕、圆雕、透雕等技法的基础上，工匠们不断探索创新，雕刻的层次更加丰富，立体感更强，能够更好地表现出景物的远近、高低关系以及人物的神态动作等。不同门类雕刻技法之间的融合，也更加娴熟，并渗透于艺术风格的转变与个性化之中，从明清时期的庄重、严谨、华丽逐渐向简洁、质朴、写实的风格转变。一些木雕艺人开始形成自己独特的艺术风格与个性，在创作中更加注重个人情感的表达和艺术个性的展现。

▲ 浙江金华古建筑中的东阳木雕，有细致入微的雕琢

除了传统的建筑构件如梁架、门窗、牛腿等部位的装饰外，木雕开始应用于一些新兴的建筑类型和场所，如民国时期的一些西式建筑、商业店铺、茶楼酒馆等也会采用木雕进行装饰，以增加建筑的艺术氛围和文化内涵。砖雕与石雕工艺在民居中的应用更加广泛，不仅具有实用功能，还成为了具有观赏价值和收藏价值的艺术品。韵味悠长，雕刻的兽、鸟、人物等形象栩栩如生，历经千年风雨，其韵味依然充溢而浓厚，展现出石雕艺术的坚韧和独特魅力。随着商业化程度不断提高，艺人们更加注重市场需求和消费者的喜好，进一步扩大了江南砖石木雕的影响力和知名度。

▲ 民国初年江南的几个手工雕刻艺人在雕制作品

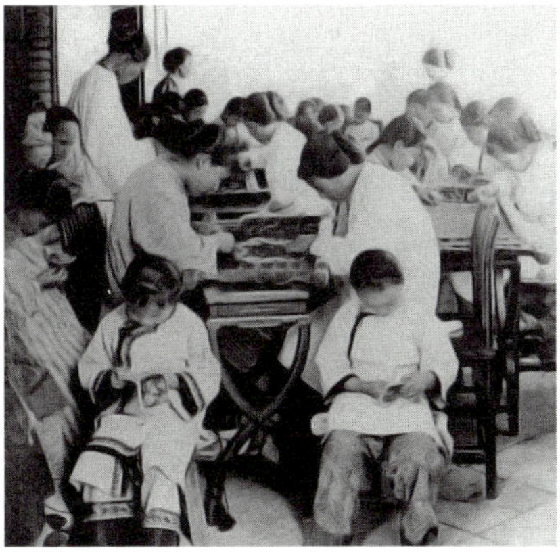

▲ 清末上海长老会学校女子刺绣情景

▲ 20 世纪 30 年代苏州的刺绣女工在聚精会神地从事刺绣作业

女郎绣佛人天喜

——刺绣艺品

古时候男以田力，女以针贤，很多女孩子都善织布、缝衣、绣花，尽显灵巧。江南之地因棉纺业与蚕桑业发达，为刺绣业的发展提供了良好的条件，所以精于刺绣的女子很多，并出现了享誉中外的“苏绣”和“顾绣”工艺。

苏绣的发源地在苏州吴县、太湖一带。苏绣有着悠久的历史，早在春秋时期，吴国已将刺绣用于服饰。到了明代，江南已成为丝织手工业中心，苏绣也得到了进一步的发展。苏绣的特点是图案秀丽、色彩和谐、绣工精细，针法活泼轻巧，被誉为刺绣的“东方明珠”。

顾绣则是指以上海顾名世一家的刺绣技法和风格为代表的刺绣品，以创始人家族姓氏冠名。明代后期，松江府上海县露香园顾绣，为高雅的刺绣艺术，对后世影响很深，明代顾绣秘诀主要在于作者的文化艺术涵养，具有题材高雅、画绣合一、用材精细、针法灵活创新、择日刺绣与锲而不舍的精神等六要素。以韩希孟为代表的顾绣传世实物，文化艺术内涵颇深，皆是文物珍品，被各大博物馆所收藏。据说明代文学家谭元春在江南游走时，收到一件沈姓朋友所赠的顾绣，上面有一尊菩萨的图案，他“一见钟情，说不出话来”，多年后为纪念这位朋友，写下了对这幅古绣的感受：“女郎绣佛人天喜，运针如笔绫如纸。华亭顾妇嗟神工，盘丝劈线资纤指。”此诗不仅展现了顾绣的精美绝伦，更体现了文人对顾绣艺术的高度赞赏。

说起“苏绣”与“顾绣”，两者地缘相近，顾绣起源于明代松江地区的顾名世家，与苏绣的发源地苏州吴县一带地缘相近。顾绣和苏绣都受到了江南文化的熏陶，相近的地理位置使得两地之间的文化交流频繁，刺绣技艺的传播相对容易。例如，两地的绣娘之间可能会互相交流针法、图案设计等方面的经验，促进了刺绣技艺的相互融合与

▲ 清末江南乡间的一位绣娘，头戴白头巾、穿着传统服饰，坐在绣花用的绷架前，绷架上有卷轴，可见她正在绣制的作品很大

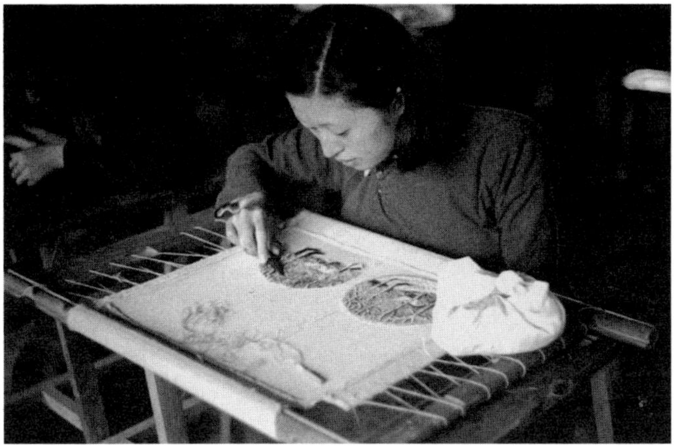

▲ 20 世纪 40 年代，一个女工正在绣花，那时没有电脑机器操作，全靠手工绣花

▲ 20 世纪 40 年代，江南农村老婆婆正在给孩子的围裙上绣花

发展。两者是你中有我，我中有你，在不同历史时期互相赶超。顾绣吸收了苏绣的一些针法技巧，并加以创新和改进，针法中也有类似苏绣通过不同层次的套针来表现物体的层次感和立体感；而顾绣以“半绘半绣、画绣结合”为特点，将绘画与刺绣相结合，注重表现原作的神韵，这种独特的技法也为苏绣所借鉴，两者刺绣题材与风格呈现出丰富的相似性，题材都广泛涉及山水、人物、花鸟等，风格上都具有细腻、精致、淡雅的特点，这种相似的风格特征是由于两地文化背景和审美观念的接近所促成的。

步入近代以后，江南刺绣艺术也随着时代发展有了进步，主要是针法技艺的创新与融合，一是“仿真绣”的出现，以沈寿为代表的刺绣艺人新创“仿真绣”，也叫“艺术绣”。这种绣法结合了苏绣的传统针法以及西洋画的光影层次表现手法，针法多变，能更逼真地表现出绣品的立体感和真实感。例如沈寿绣制的《美国女优倍克像》，运用羼针、套针、旋针、虚实针等多种针法，将人物肖像绣得出神入化，该作品在美国展示时引起了很大的轰动；二是“乱针绣”的诞生，常州才女杨守玉在吸收常绣始祖李仁的针画像真绣精华的基础上，创立了乱针绣。这种绣法打破了传统刺绣“排比其针，密接其线”的规律，以长短参差的直斜、横斜线条交叉，分层掺色，将传统刺绣与素描笔触、油画的明暗对比及色彩光影特点相融合，为刺绣艺术开拓了新的表现领域。

随着西学东渐，江南刺绣艺品的题材不再局限于传统的花鸟鱼虫、山水人物、吉祥图案等，开始出现西方的人物、风景、神话故事等题材。这不仅丰富了刺绣的内容，也使刺绣艺品更具国际化视野。比如《耶稣像》这类作品，就是以西方名画中的人物为绣稿进行创作，展现了江南刺绣对西方文化元素的吸收与融合。除了传统和西方题材，一些反映当时社会现实生活的题材也逐渐出现在刺绣作品中，如民间劳作场景、城市街景等，使刺绣艺品更贴近人们的生活，具有一定的时代特色。针法技艺的创新和题材的拓展，使得江南刺绣艺品的艺术表现力大大增强。如在绣制花卉时，能通过不同的针法和色彩搭配，表现出花朵的层次感和立体感，仿佛真花跃然于绣布之上。刺绣在江南众多的民艺中堪称一绝，其艺术表现力可用巧夺天工来形容。

短篱风度席机声

——竹编草编

中国是世界上最早使用竹子编制器具的国家之一，江南地区竹材资源丰富，为竹编的发展提供了良好的基础。早在新石器时代，江南地区就已经出现了竹编的痕迹，当时的陶器上广泛运用了竹编纹。到了春秋战国时期，竹编工艺逐渐发展，编织技法日益精细，出现了竹席、竹帘、竹笥（竹箱）、竹扇等竹制品。同样，草编在中国的历史也非常悠久，中国最早的草编物遗存为1973年在浙江余姚河姆渡新石器时代遗址发掘出土的距今近七千年的苇席残片。江南地区水网密布，水草遍野，为草编提供了丰富的原材料。在古代，江南百姓就开始利用当地的蒲草、咸草、马兰草等进行草编，制作出蒲鞋、蒲扇、草帽等生活用品。

明清时期是江南竹编的鼎盛时期，江南草编生产兴旺发达。明代初期，江南一带从事竹编的艺人不断增加，竹席、竹篮、竹箱等工艺竹编颇受重视。明代中期，竹编的用途进一步扩大，不仅用于日常生活用品的制作，还与漆器等工艺结合起来，创制了不少上档次的竹编器皿，如珍藏书画的画盒、盛放首饰的小圆盒等。这一时期的竹编图案精美、编织精巧，体现了较高的工艺水平。明清时期许多草编佳品因其性能优越、巧夺天工而被宫廷选为贡品。这一时期，草编的工艺不断提高，编织花样也更加丰富多样。

清末民国时期，江南竹编和草编虽然都受到了一定的冲击，但仍有不少艺人坚守这门技艺，起源于余姚方桥的竹篮，清末民初时是浙东民间富裕人家使用的一种高档竹编器物。当时大户人家嫁女儿，都会准备一套方桥竹篮。清光绪年间，当地篾匠刘通山秉承祖业，创新了竹篮设计与编制方法，融合了竹编、竹刻、木雕、铜艺、漆艺等传统工艺特色，使方桥竹篮更具艺术价值。不同地区的竹编风格逐渐形成并表现出多样化，如嘉兴王店竹编，将竹子的篾红和篾青连在一起进行编织，使竹篮更加经久耐用，形成了独特的风格。清末时，江南竹编仍以家庭作坊式生产为主，一些地方开始出现专业化的竹编生产群体和小型工厂。到了民国时期，竹编产品的市场逐渐扩大，不仅在本地销售，还远销到其他地区。

▲ 晚清江南绍兴卖竹编生活用品的店铺

▲ 民国初年杭州编织竹筐的手艺人

在江南的一些地区，草编是一项重要的手工艺，文人对此也有所关注。如清代女诗人张芬在《浒墅竹枝词》中写道：“榆阴满地午天晴，绿涨南湖野岸平。茅屋几间连麦陇，短篱风度席机声。”这首诗描绘了江南浒墅关地区的乡村景象，其中“短篱风度席机声”一句，侧面体现了当地草编（席子编织）的普遍性，

▲ 1908 年 5 月上海出售竹编制品的摊位，日常所用的物件应有尽有

草编机发出的声音成为了乡村生活的一种背景音，也反映出草编在当地人们生活中的重要地位。

1918年，台州商人王孟登等在上海遇到中国第一家华商洋行坤和行老板傅其霖，随后引进上海福隆行麻草、金丝草，并在浙江台州一带发料传艺，使得温岭县（今温岭市）的草编工艺有了质的提升。到1927年，温岭县草帽编织达3万户，年产草帽51万顶，近40万顶销往国外。这展现了温岭草编在民国时期快速发展以及对外交流合作对其产业的推动作用。

随着外来技术和材料的引入，江南草编技术有了很大的提升。例如，麻帽、金丝草帽编织技术的流入，使草编产品的质量和美观度都

▲ 20 世纪 30 年代，篾匠用竹子编织各种箩筐篮子等成品

▲ 20 世纪 40 年代，宁波从事草编的手艺人在劳作

得到了提高。草编艺人开始采用新的编织技法和花样，使草帽的款式更加多样化，如出现了条纹、斜纹、交椒等多种花型。在原材料的处理上，也有了更精细的工艺。例如对草料的梳理、劈分、熏蒸、漂白等处理更加讲究，以提高草编产品的质量，特别是提高其耐用度。

民国时期，江南竹编艺人不断探索和改进编织技艺，使竹编产品更加精致细腻。例如，一些艺人能够将竹篾剖得极细，编织出的图案更加精美复杂，从简单的几何图案发展到山水、花鸟、人物等具有较高艺术价值的作品，足以令今人啧啧赞叹。像浙江东阳竹编，在清末民国初年达到鼎盛，技艺已相当成熟，其作品体现了江南文化柔和精致的审美风尚。

香飘梅福百般色
——蓝印花布

关于江南蓝印花布的历史，至今仍存在不同说法：一种观点认为其源于秦汉时期的防染印花技艺。当时人们在染色过程中总结出了染色与防染的原理，为蓝印花布的出现奠定了技术基础。也有观点认为其源于唐宋时期，在宋代被称为“药斑布”。不论怎么说，明清时期蓝印花布的工艺逐渐成熟，民间艺人不断吸收剪纸、刺绣、织锦、木雕等传统艺术图案，丰富了蓝印花布的纹样。其制作工艺也日益精湛，形成了一套完整的生产流程，包括采蓝制靛、制防染浆、油纸雕版、拷花上浆、入缸浸染、刮浆显花、漂洗成品等，是大家都能接受的。

明清时期，民间蓝印花布广泛流传，其生产制作和销售的形式既独立又相互关联。这一时期，不独在江南，在华南、华北、东北的各省地区先后都开设了蓝印花布作坊。到清末民国时期，江南地区的蓝印花布生产规模不断扩大。以浙江桐乡为例，当时以蓝印花布为业务的民间染坊遍布，其中影响较大、历史较长的有石门的丰同裕染坊和崇福的蓝茂丰染坊、协大染坊等。南通地区也是蓝印花布的重要产区，形成了“乡乡都有染布坊，村村都有染布匠”的繁荣局面。

花版是蓝印花布制作的关键，民国时期花版的制作工艺不断改进。从最初的木质花版逐渐发展为油纸型花版，油纸花版不仅省工省时，而且印染效果好，上油后花版耐水、耐刮性更强，使用寿命长，能够表现的花纹也更为丰富。在染料的调配和使用上，艺人们也不断摸索和改进。例如对蓝草的浸泡、发酵时间以及石灰粉、黄豆粉等防染浆配料的比例等都有了更精准的把握，使

▲ 民国时期江南运河边的染坊

▲ 1924—1925 年，浙江绍兴染坊晒布的情景

▲ 1900 年上海北四川路上的一家染坊

▲ 20 世纪 40 年代，上海一家印染厂的工人在染色印花以满足市场的需要

得染出的布色牢度更好、色调更明快。江南的蓝印花布在图案设计上不断创新，除了传统的花鸟、动物、人物等图案外，还出现了一些具有时代特色的图案，如反映当时社会生活、时事新闻的图案等。这些图案既保留了传统的民族风格，又融入了新的元素，使蓝印花布更具时代气息。

蓝印花布在清末民国时期的市场不断拓展。一方面，在江南本地，蓝印花布成为人们日常生活中常见的服饰和家居用品面料；另一方面，随着商业的发展，江南蓝印花布远销至全国各地，甚至出口到海外，受到了国内外消费者的喜爱。因而也受到当时许多文人墨客对于古老的手工印花织物的关注，留下了不少诗词与竹枝词，如民国时出版的《蓝花印布》一书中写道：“一袭蓝花印布的春衫，裙裾，风靡了民国，风靡了中华大地”，展现了蓝印花布在民国时期的流行程度。有佚名作者《蓝印花布作坊》竹枝词中写道：“作坊花布动情肠，霞绮云罗锦七襄。绿字红文皆可诵，浓妆淡抹总相当。香飘梅福百般色，染就葛洪千彩芳。今忆二仙蝴蝶梦，应劳织女绣鸳鸯。”这首竹枝词描绘了蓝印花布作坊的景象以及其独特的魅力。

上海开埠前，嘉定等地就有生产蓝印花布的传统，其历史可追溯到宋代，且工艺精湛。开埠初期，这种传统工艺在民间得以延续，普

▲ 1947 年的蓝印花布染坊。这种手工染坊逐渐被机器工业化代替

通百姓对蓝印花布的认可度较高，它一直是民众日常生活中常见的布料。因为其具有透气性好、防蛀防霉、长期储存不褪色等优点，所以常被用于制作衣物、被面、包袱布、门帘等生活用品，很多家庭还会用蓝印花布制作床单、窗帘、小孩的肚兜等。蓝白相间的蓝印花布的

色调，与江南水乡文化氛围相契合，其朴素的风格也符合当时上海普通民众的审美和生活需求。在上海的弄堂里、小镇上，经常能看到蓝印花布，成为上海民间文化的一部分。上海开埠后，大量的西方纺织品进入上海市场，这些布料在花色、质地、生产工艺等方面与传统的蓝印花布形成了鲜明的对比。西方的机织布、印花布等款式新颖、色彩丰富，逐渐吸引了消费者，尤其是中上阶层和追求时尚的人群，这对蓝印花布的市场造成了一定的冲击。

随着上海城市的现代化进程加快，人们的生活方式和审美观念也在逐渐发生变化。西式服装的流行使得传统的蓝印花布在服装制作上的应用逐渐减少，其在人们日常生活中的使用频率也有所降低。全面提升蓝印花布的工艺价值的使命，只有留待新中国成立后人们重新认识和挖掘。

制得去葩千百柄

——油纸伞影

顾名思义，油纸伞是在纸面上涂熟桐油以防水，它离不开纸，而纸出现在西汉时期，油纸伞的历史可以追溯到西汉时代。不过这一时期的油纸伞制作工艺相对简单，在随后的魏晋南北朝时期，油纸伞的使用在官宦阶层逐渐增多，尚未广泛普及到一般民众。唐代雨伞制造业达到了较高的水平，油纸伞也开始大面积普及。这一时期的工匠们在油纸伞的制作工艺上不断创新，使得油纸伞的质量和美观度都有了很大的提升。例如，伞骨的选材更加讲究，制作更加精细；伞面的纸张质量也有所提高，防水性能更好。明清时期是油纸伞发展的鼎盛时期，在民间被广泛使用，制作工艺已经非常成熟，从选材、制作到装饰，每一个环节都有严格的要求，从而保证了油纸伞的质量和品质。

江南地区的油纸伞制作尤为突出，形成了具有地域特色的油纸伞产业。杭州、苏州、婺源等地的油纸伞，尤以杭州的油纸伞有渔船伞、文明伞、大红伞等多个品种；婺源的甲路油纸伞在江南也很有名。油纸伞不仅仅是一种雨具，还承载了丰富的文化内涵，与江南的民俗文化、爱情故事等紧密相连。明清江南地带举人才子赴京赶考或做官上任，包袱里除书本外一定会带一把红油纸伞，即“包袱伞”，又称“保福伞”，预祝路途平安、高中状元；女方出嫁时也会带油纸伞做陪嫁，寓意婚姻幸福美满、家族子嗣昌盛。

据传说，清康熙年间，有一次康熙皇帝微服私访江南，正赶上露天戏台看戏时下起了雨，前排有人撑伞挡住了后排人的视线，性急的顽童就用石子击打。结果发现，被石子击中后完好无损的是婺源甲路产的油纸伞，而被击破的那把伞产自其他地方。从此，“甲路伞，甲天下”便传开了。清代江南文士叶居仁《清川竹枝词》云：“糊边削骨墨油浓，纤手争穿五色绒。制得去葩千百柄，连樯装卖趁江风。”这首诗记录了制伞的工艺程序，如糊伞边、削伞骨、涂抹油漆、用五彩丝线绕伞边加固等，展现了当时油纸伞制作的繁荣景象。

▲ 清末上海两个男子打着油纸伞坐在独轮车上

民国时期，诗人戴望舒的《雨巷》：“撑着油纸伞，独自彷徨在悠长、悠长又寂寥的雨巷……我希望逢着一个丁香一样的结着愁怨的姑娘”，江南雨巷、油纸伞和诗人惆怅的情绪完美融合，营造出了一种朦胧、哀怨的美感，也让江南油纸伞成为了诗意和浪漫的象征。在江南的一些小镇上，年轻的男女在雨天相遇，因同撑一把油纸伞而结缘。男子为女子撑伞遮雨，在狭窄的雨巷中并肩而行，情愫暗生。这种情景在一些文学作品和传说中经常出现，为油纸伞增添了一抹浪漫的色彩。

▲ 19 世纪 70 年代，江苏的女人和女孩手里都拿着一把油纸伞

油纸伞也常常成为文人墨客创作的灵感来源和情感寄托。一些文人会在油纸伞的伞面上题诗作画，以表达自己的心境和情怀。这些题诗作画的油纸伞不仅具有实用价值，更成为了

▲ 20 世纪 20 年代，江南古镇上的油纸伞店，一个师傅正在修伞

一件艺术品。而且，文人之间也会互相赠送自己题诗作画的油纸伞，作为友谊的象征。

然而，清末民国时期江南油纸伞经历了从传承困境到短暂恢复再到面临市场竞争挑战的过程。民国时期市场上开始出现了一些新的雨具，如洋伞（钢架伞）等，外来的雨伞具有轻便、耐用、价格相对较低等优点，对油纸伞的市场造成了一定的冲击。为了应对竞争，油纸伞生产者不断提高产品质量，努力降低成本，但油纸伞的市场份额仍然逐渐被洋伞所挤占。许多油纸伞作坊经营困难，工匠数量减少，年轻一代对这门技艺的兴趣也不高，导致油纸伞的生产规模逐渐缩小。

▲ 20 世纪 40 年代，逃难的民众在雨天登上火车，不少人都打着一把油纸伞

尽管在动荡不安的社会条件下，面临发展的巨大困境，但仍有一些工匠坚守着油纸伞的制作，维系着这门传统技艺。在杭州等地，一些制伞匠人在简陋的作坊里辛勤劳作，不断改进油纸伞的质量和款式，为油纸伞的传承和发展做出了贡献。

▲ 20 世纪 40 年代，乡村一个打着油纸伞的男子走在风雨中

纵观民国时期油纸伞生产，由于工匠艺人的坚守，工艺上基本延续了传统，以竹为骨，以涂过桐油的纸张为面，在油纸伞的风格和图案上也有了一定的创新。工匠们开始尝试在伞面上绘制更加多样化的图案，除了传统的花鸟、山水等图案外，还出现了一些具有时代特色的图案，如反映当时社会生活、文化思潮的图案等。这些创新使得油纸伞在艰难时代得以倔强地生存下去。

图书在版编目(CIP)数据

江南风俗图录. 第9卷，岁时乡愁 / 仲富兰著. 上海 ：上海辞书出版社，2025. -- ISBN 978-7-5326-6326-2

Ⅰ. K892.45-64 ；K892.1-64

中国国家版本馆CIP数据核字第2025F2Y355号

“十四五”国家重点出版物出版规划项目

国家出版基金资助项目

上海文化发展基金会图书出版专项基金资助项目

江南风俗图录·第9卷·岁时乡愁

仲富兰 著

策划统筹 朱志凌　**题　　签** 邓　明

责任编辑 朱志凌　**篆　　刻** 潘方尔

特约编辑 钱　琼　**英文翻译** 唐玥芳

责任校对 左钟亮　**英文校译** 秦　悦

技术编辑 楼微雯　**图　　片** 均由作者提供

整体设计 零贰壹肆设计工作室

出版发行 上海世纪出版集团

上海辞书出版社®(www.cishu.com.cn)

地　　址 上海市闵行区号景路159弄B座(邮政编码：201101)

印　　刷 南京爱德印刷有限公司

开　　本 787毫米×1092毫米　1/16

印　　张 17　插页5

字　　数 330 000

版　　次 2025年10月第1版　2025年10月第1次印刷

书　　号 ISBN 978-7-5326-6326-2/K·1284

定　　价 128.00元

《江南风俗图录（1840—1949）》（全十卷）

“十四五”国家重点出版物出版规划项目、国家出版基金资助项目《江南风俗图录（1840—1949）》（全十卷）立足近代风俗史与图像史研究的交叉领域，系统梳理百年间江南民间生活形态、民间文化传承及社会变迁轨迹，通过动态视角深入研究最普通、最普遍的民间日常生活的历史演进。作者仲富兰教授整合数十年积累和研究的图像史料，以图史互证为方法论，辅以大量民间竹枝词等风土纪事文献，全景式记录了近代中国社会生活的转型历程与多元民俗风貌，生动再现了市井生活的烟火气息。全书按风味饮食、服饰冠履、民居建筑、行旅交通、生产商贸、文教卫生、娱艺体育、人生礼仪、岁时乡情、生活信仰等主题分卷编纂。

全书辑录3 200余幅珍贵老照片、民俗画作等历史影像，以图像叙事为经，以风俗流变为纬，构建起一部立体化、可视化的江南民俗图谱。这些泛黄的影像既凝固了百年市井生活的瞬间，又以细腻笔触还原传统节庆场景，使读者得以直观把握江南地区岁时习俗、衣食住行、婚丧嫁娶等民俗的演化轨迹，较之纯文字叙事更具现场感染力。编纂体例上独创性地穿插历代江南竹枝词，实现朗朗上口的诗词文本与风俗史事互为映照。譬如以“妾在船头偷看郎，郎骑白马好风光”的竹枝词解读江南婚俗，既赋予学术论述以诗意美感，又通过民间话语补足了历史细节，使宏大叙事浸润日常肌理，彰显日常生活的本真状态。

从学术层面看，《江南风俗图录》突破了传统风俗史研究单一的文字叙述模式，开创了“图像+文献+文学”多元互证的研究范式，为我国地域民俗文化研究提供了新的方法，堪称融民俗文化、社会史、视觉文化研究于一体的江南民俗文化图谱，兼具学术开拓性与出版稀缺性价值。无论学术研究者、文化从业者或普通读者，都能从中领略江南千年文脉的深厚底蕴与独特审美。

《江南风俗图录 · 第 1 卷 · 饭稻羹鱼》

《江南风俗图录 · 第 2 卷 · 衣香鬓影》

《江南风俗图录 · 第 3 卷 · 深巷低窗》

《江南风俗图录 · 第 4 卷 · 车动马喧》

《江南风俗图录 · 第 5 卷 · 市井食货》

《江南风俗图录 · 第 6 卷 · 春生弦诵》

《江南风俗图录 · 第 7 卷 · 闲暇趣玩》

《江南风俗图录 · 第 8 卷 · 礼敬人生》

《江南风俗图录 · 第 9 卷 · 岁时乡愁》

《江南风俗图录 · 第10卷 · 春祈秋报》